学びの質を高める！

ICTで変える国語授業

③

Google Workspace for Education 編

野中　潤
遠島　充
中野裕己 編著
渡辺光輝

明治図書

まえがき―22世紀まで生きていく世代のために

　担当している児童や生徒が，西暦2101年に何歳になっているかを計算してみてください。今や人生100年と言われる時代です。彼らの多くが22世紀まで生きていくことになるはずだとわかります。19世紀に基本的な枠組みがつくられた学校教育のあり方は，アップデートされるべき時機を迎えています。やり慣れた方法に固執するあまり，未来につながる学びへの進化を妨げるべきではありません。教師の都合よりも子どもの未来。教師の都合を放棄する必要はありませんが，児童生徒の未来に合わせた変化が必要です。

　鍵を握るのは，1人1台端末環境を生かした「クラウド・バイ・デフォルト」の原則を踏まえた学びです。大きな図書館に行って古今東西のさまざまな知にアクセスするように，児童も生徒も教師も，教室にいながらにして「世界最大の図書館」で自由に情報にアクセスし，さまざまな人びとと出会い，交流する可能性を手に入れつつあります。

　もちろん安心安全に閲覧するために，セキュリティーの問題を無視することはできません。しかし，「デジタルシティズンシップ」という言葉が示すように，適切な方法で情報にアクセスするための「権利」を尊重し，育むことも忘れるべきではありません。

　民主主義社会では，市民が必要な情報にアクセスする権利が十分に認められています。情報にアクセスする権利，知る権利を守ることが，主体的であるための基本的な条件です。

　また，民主主義社会では，他者と自由にコミュニケーションする権利が尊重されています。必要な場所に自由におもむいてさまざまな人びとと出会い，自分とは異なる考えに触れます。立場の違いを認めながら考えを伝え合い，互いの価値観を認め合いながら熟議を重ね，合意形成をはかります。さまざまな人びとと自由に交流する権利，伝え会う権利を守ることが，対話的であるための基本的な条件です。

　話を聞きながら板書をノートに黙々と書き写していく児童生徒の姿を維持することが「授業秩序」だと考え，覚えたことを正確に再現させることばかりに腐心する時代は終わりました。これからは，主体的に情報にアクセスし，他者との対話を重ね，熟議と協働を通して深く学び，目標を達成する力を育む時代です。民主主義社会の市民が言語活動する権利を幅広く認められているように，アナログ空間であれ，デジタル空間であれ，子どもが自由に言語活動する権利を発達段階に合わせて尊重していく必要があります。

クラウド共有による言語活動

　Google Workspace for Education の最大の特徴は，クラウド共有による学びを日常化

できることです。クラス全員で線を引いたり付箋を貼り付けたりしながら１つの教材を読むことができます。クラス全員で考えたことや気づいたことを１冊のファイルにまとめることもできます。しかも授業時間内，教室内だけではなく，授業時間外，教室外でも，共有された学びの場で対話や思考を繰り返すことが可能です。結果として，言語活動の量が飛躍的に増えます。

　たとえば，共有された Google Jamboard™ に次々にアイデアが付箋で書き出されていく場に参加すると，自分の思考が刺激を受けて活性化することを体感できます。模造紙だと不可能な大人数で同時アクセスすることもできるので，「書けない」「思いつかない」と消極的になりがちな児童生徒でも，次々に出現する付箋を見ながらさまざまな気づきを得ることができます。

　Google フォームに児童生徒の考えを入力させ，回答を Google スプレッドシート™ に書き出して共有すれば，生徒がノートにまとめたことを黒板に書き出すという作業が不要になります。黒板に書き写すという作業抜きで，クラス全員の考えが即座に共有されます。クラウド共有なので，授業後もそのまま共有され続け，欠席している生徒でもリアルタイムで参照可能です。

　Google スライド™ の１つのファイルにクラス全員分のワークシートを用意して考えたことをまとめる作業をさせる場合，他の児童生徒の考えを必要に応じて参照することができます。授業デザインがしっかりできていれば，「なるほど，そういうことも考えなければならないな」とか「その発想はなかった」とか「こういうまとめ方はわかりやすいな」などという気づきが，スライドをまとめる時間の最中に，多くの児童生徒にもたらされることになるでしょう。こういう学びの姿に慣れていないと，「他の児童生徒の真似をするので，自分が考えたことをまとめる活動にならない」と感じて否定的になってしまいがちです。でも，サッカー選手は上手なプレーヤーの真似をしながら技術や戦術を習得し，自分なりのプレースタイルを確立します。私たち教師も，優れた実践事例に学んだり，尊敬すべき実践者のスタイルを真似したりしながら，目の前の児童生徒に合わせた授業スタイルを確立していきます。真似ることは学ぶことであり，個性というのはその先に手に入れることができるものです。だとすれば，児童生徒が学ぶ過程で真似をすることは，決して否定すべきことではありません。「覚えているかどうか」を試す学習活動の場合は，他の児童生徒の「答え」を見ることを禁じることに妥当性があります。しかし，考えたり判断したりしようとする時に他者の意見を参考にすることは，決して禁じられるべき「悪行」ではありません。授業のデザインさえ適切になされていれば，考えを明確にしていく上での有効な手段となり得ます。

　クラウド共有した Google ドキュメント™ で文書作成する作業を協働で行うとすれば，それぞれが端末を操作し，必要に応じて書き加えたり書き換えたりしながら対話を重ねることで，話すこと・聞くこと，書くこと，読むこと，を統合した言語活動を展開することもできます。

　Google for Education™ で授業をする児童生徒は，ここ１，２年で急激に増えました。

慣れない環境で授業をすることになり，クラウドバイデフォルトの学びにどのように取り組めばよいのかがわからずに悩んでいる教師も増えているかもしれません。本書は，ほんの少し早く，そういうチャレンジに取り組み始めた教師による Google Workspace™ への実践ガイドブックです。もしかすると「私にはこんなことはできるはずがない」と感じることがあるかもしれません。しかし，ビデオ会議システムで始業式をしたり遠隔授業をしたりするなどということも，以前は「できるはずがない」ことだったはずです。大切なのは「こんなことができたらいいな」というマインドを持つことです。そして，既存の枠組にとらわれず，可能性にまなざしを注ぎ，どうしたらできるようになるかを考えることです。小学校の事例を高校で応用することもできますし，逆に高校の事例を小学校で応用することができるかもしれません。小説の読解に使われている ICT 活用の手法を，論理的思考力を伸ばすための書くことの授業に応用できるかもしれません。工夫次第で，今まで想像もできなかったような授業を実現できるかもしれない可能性を，テクノロジーはもたらしてくれます。各事例の後には，そのためのヒントになるように，編著者がコメントやコラムを付しています。ぜひ参考にしてください。

　本書は，3つの章から構成されています。

　第1章「学び方・働き方を変える Google Classroom 入門」は，Google Workspace for Education による国語授業のプラットフォームになる学習管理システム Google Classroom に焦点を当て，テクノロジーによって国語授業のあり方がどのように変わっていくのかということを概説しています。

　第2章「Google Workspace for Education の基本ツールでできる！ 国語授業活用事例」では，Google Workspace for Education の代表的なアプリケーションを活用した実践事例を紹介しています。小学校，中学校，高等学校と，想定されている校種はそれぞれ異なりますが，どの事例も教材を変えたりアプローチの仕方を変えれば，さまざまな現場で実践可能です。

　第3章「Google Workspace for Education の可能性を探究する」では，応用的，発展的な実践事例を紹介しています。執筆者の多くは，数年前までさかのぼれば，教育 ICT の初心者あるいは未体験者です。バタ足から始めたスイミングスクールで，数年後には4泳法をマスターしていることが珍しくないように，導入したばかりで本書を手にとった方も，おそらくすぐに応用的，発展的な実践にチャレンジしたくなるに違いありません。

　本書を手引きに多くの国語授業の実践者が，自分の持ち場に合わせて，ワクワクするような新しい授業を創り出してくれることを願っています。

編著者代表　　野中　潤

CONTENTS

Google Classroom が実現する 学び方改革・働き方改革

テクノロジーの進化がもたらすもの

　少し前の話です。「はてな匿名ダイアリー」という疑問に答えるサイトに，「パソコンがない時代って，どうやって仕事していたの？」という投稿が掲載され，大きな話題になりました。投稿への回答には，

　「直接取引先に行って用件とかの話を聞く」

　「お金のやり取りには手書き伝票，見積書と納品書と請求書の間にカーボン紙を挟んでボールペンで強く書いた」

　「メールがないから，連絡→返答→また返答の間隔はすごく時間がかかる」

などが挙げられていました。いまよりももっと多くの人が，今よりももっと少ない仕事のために働いていました。物の本には，1970年代に比べ，現在では1人が行う仕事量は17倍になっているとのことです。

　教師の仕事も同様で，学級通信はガリ版刷りが当たり前でしたが，ワープロで作成して印刷・配布する時代を経て，今では教育用アプリを通じて直接生徒，保護者に配布・送信する時代になりました。

　板書が先生の教育技術の多くを占めていましたが，プレゼンテーションソフトを使って教室に設置されたスクリーンや大型テレビに投影されるようになりました。黒板に投影できるプロジェクタを使えば，映し出された課題に手で書き込むことができ，授業のライブ感を損なうことなく，授業の展開スピードをアップさせることができます。

　理解を深めるために，書写の実演や朗読などの動画や作家解説や漢詩朗読などの動画を見たり，児童生徒の回答を投影することができるので，先生のアイデア次第で多様なアプローチが可能です。

　授業で扱ったデータは生徒たちの端末でそれぞれ確認できるため，先生が黒板に書く時間や生徒が写す時間が短縮されることになりました。その分，演習する時間，話し合うことや発表することに時間を割くことができるようになります。

　職員室の先生の机はプリントの束や生徒が提出したノートで壁が何重にもできていましたが，

いまでは職員室がとてもきれいになりました（今もあまり変わらない先生もいるかも⁉）。

　テクノロジーの進化によって，先生方の働き方や生徒たちの学び方は，これからも大きく変化していくことでしょう。

「Google Classroom」で実感する教育テクノロジーの進化

　教師がテクノロジーの進化を実感できる代表的なアプリに「Google Classroom」があります。このアプリは，オンライン上に仮想の「教室」を作ることができます。

　先生は，この教室に生徒を招待して準備完了です。連絡事項を伝えたい場合は，ストリームに知らせたいことを書きます。資料を添付することもできます。課題を配布し回収することも簡単です。回収した課題はあらかじめ作成しておいたルーブリックに従って，Classroom 上で採点することができます。採点した結果は一覧表示されます。過去に作成した課題は翌年や別クラスでクリックするだけで簡単に再利用することができます。

　生徒は，先生から招待されるクラスに参加することができます。出された連絡や課題は，Classroom 上のストリームで確認できます。生徒の Gmail™ にも連絡されますのでそこで確認することも可能です。スマホにアプリを入れておくと，先生からの通知がポップアップされますので，見落としが少なくなります。スマホで撮影した動画や写真を簡単に課題に取り込むことができるので，表現豊かな課題を作成できます。

（遠島　充）

Google Classroom で変わる！学び方
―課題を主体的に解決する能力を育む

生徒の皆さんの将来は，これまでに存在しなかった課題に対応する能力が求められています。それらの課題を主体的に解決する能力を Classroom を通じた学びは必ず役に立ちます。

学びを変える Google Classroom

新型コロナウィルスの蔓延は，世界各地で行動様式，文化，生活，経済に多大な影響を与えました。この世界が初めて直面した大きな変化の中で，学びの在り方も大きな変化を余儀なくされています。学校教育では当たり前であった様々な前提条件が崩れ，ソーシャルディスタンスの確保や学びを止めないプラットフォームづくりが喫緊の課題となり，学校と教師に変化を要求しました。私たち教師はこのコロナ禍を機に教育環境の変革を行うべきだと思います。

具体的には，GIGA スクール構想の完遂です。

構想の要諦は，「ハード・ソフト・指導体制」三位一体の改革です。この３つを可能にするテクノロジーが「クラウド」であり，Google Workspace for Education のソフト群と言えるでしょう。その中で最も簡単で効果的な Web サービスが，Google Classroom であると思います。Google Classroom は，教育と学習をオールインワンでサポートします。Google Classroom を前提に生徒の学習の流れや授業を組み立てて考えることが，ICT の日常的な活用の近道になると思います。生徒たちは驚くほど簡単に使いこなしてくれます。

教師のみなさん，まずは簡単なことから始めてみましょう！

生徒から見た Google Classroom の使い方

①クラスに参加する

・Google アプリの中から［Classroom］を選びます

・アカウントを確認し，［続行］をクリックします

・［私は生徒です］を選択します

・［＋］ボタンを押します

・先生から教えてもらったクラスコードを入力し［参加］を押します

②ストリームを確認する

・上部には［ストリーム］［授業］［メンバー］があり，［ストリーム］が選択されていることを確認します

・「ストリーム」は一番上が最も新しい投稿です

・確認したい投稿を押して，中身を確認します

③ Google Classroom から Google Meet™ に参加する

・「ストリーム」上部タイトル下の［Meet のリンク］，または［授業］上部の［Meet］を押します

・［今すぐ参加］を押すと Google Meet に参加することができます

・必要に応じて，［マイクをオフにする］［カメラをオフにする］を押しましょう

・［背景を変更］を押すと背景を変更することができます

④課題を確認・提出する

・先生から投稿された課題や連絡は「ストリーム」に表示されます

・先生から投稿された課題を押します

・課題の内容をよく確認し，課題を行い，［提出］または［完了をマーク］します

・先生から課題が返却されると「ストリーム」に表示されます

・返却された課題を確認し，必要であれば［再提出］しましょう

Google Classroom のトップ画面（ストリーム）

（遠島　充）

Google Classroom で変わる！働き方
―業務時間を削減する時短テクニック

先生の業務は多忙との指摘がなされています。その原因はどこにあるのでしょうか。
ICT は多忙な業務を改善する救世主となりえるのでしょうか。

学校の先生が忙しいのはなぜ？

文部科学省の「教員勤務実態調査」（2016）によると，小中学校の先生は平均で，1日11時間以上働いており，過労死ラインに達する週60時間以上働いた先生は，小学校では全体の33.5％，中学校では57.7％にものぼるといいます。内訳をみると，先生方は，授業，授業準備，給食・掃除などの指導，成績処理，学校行事，部活動など多岐の業務を担当されていることがわかります。「学校現場における教職員の業務実態調査」によると，先生が負担に感じる業務ベスト3は，1位「国や教育委員会からの調査やアンケートへの対応」，2位「研修会や教育研究の事前レポートや報告書の作成」，3位「児童・生徒，保護者アンケートの実施・集計」とのことです。どの業務もとても大事な業務であり，欠くことができない業務と言えます。業務の専門化や外注化など抜本的な改革は制度設計を待つとしても，ICT を活用して，これらの業務負担を軽減したり分担することができれば，ブラックと言われる先生方の苛烈な労働環境，業務負担を大幅に改善することができるのではないでしょうか。

Google Classroom は先生の働き改革の救世主となりえるか？

文部科学省は「全国の学校における働き方改革事例集」という面白い事例集を提示しています（2022年3月現在「改訂版」も出ています）。全国の先生方の業務別時短アイデアをまとめたもので，分野ごとの削減目安時間を掲載しています。この中に，「GIGA 端末を活用した校務効率化に取り組みたい方へ」の項目で，「グループウェア活用方法を探す」というアイデア集があります。Google Classroom を活用した時短テクニックが多数収録されています。これらを導入するだけでも大幅な業務時間削減になりますし，導入の過程で手に入れた知識技能を使って，学校独自の時短案を作成することができるでしょう。

Google Classroom でできること

Google Classroom は，課題の配布や回収，フィードバック，お知らせ発信などが簡単に行えます。

① Classroom を作る

　生徒向けには，学級・学年・教科・委員会・部活など必要数作成することができます。職員同士でも校務分掌ごとに連絡用などの Classroom を作成することができます。昨年作った Classroom を再利用することもできます。

② Classroom に招待する

　クラスコードを伝えることで生徒は Classroom に入ることができます。

　メンバーから直接，教師や生徒を追加することもできます。

③連絡する

　ストリームに投稿するだけで連絡することができます。

　ファイルや URL を添付することができます。

　すぐには配信せず，決めた日時に予約配信することができます。

④課題を作成する

　タイトル，課題の説明，提出期限，教材コンテンツなどを指定します。

　教材にはファイルや URL を添付することができます。

　課題はクラスの生徒全員に一斉送信されます。

⑤採点とフィードバック

　提出状況が一覧表示されます。

　提出物を開き点数を入力して返却します。

　あらかじめ作成したルーブリックを使って採点することもできます。

⑥保護者へ概要説明メールを送信する

　教師または管理者が保護者に招待状を送信します。

　保護者が招待を承諾した後，概要説明メールを受け取る頻度（「毎日」または「毎週」）を選択します。

⑦ Google Classroom 内で Google Meet を使用する

　教師は Classroom 内で各クラス専用の Google Meet リンクを作成することができます。教師と生徒はこのリンクを使用して，クラスのビデオ会議に簡単に参加できます。　（遠島　充）

Google Workspace for Education の世界

デジタル化で変わる教育の未来

　インターネットやスマートフォンの普及により，ここ十数年で社会は大きく変化してきました。情報化の波は国境を越え，これまで国内だけに留まってきたあらゆる情報も影響を与え合うようになり，時間や場所を越えて世界的なつながりが密接になりつつあります。これまではコンピューター同士が接続するものであったインターネットが，あらゆるモノがインターネット経由で接続され，離れた場所からモノを操作したり，モノの状態を把握したりすることができる，IoT：Internet of Things（モノのインターネット）時代の到来がもう目の前まで来ています。

　Society 5.0という言葉も最近よく耳にするようになりました。Society 5.0とは，仮想空間と現実空間を高度に融合させたシステムにより，経済発展と社会的課題の解決を両立する人間中心の社会，と定義されています。狩猟社会（Society 1.0），農耕社会（Society 2.0），工業社会（Society 3.0），情報社会（Society 4.0）に続く，新たな社会を指すものです。我が国がめざすべき未来社会の姿として政府の科学技術基本計画で提唱されました。Society 5.0では，IoT で人とモノとがつながり，膨大な知識や情報が共有され，これまでになかった新しい価値を創造し，人が行う能力を超えた作業を行うことで，少子高齢化，地方の過疎化，貧富の格差などのあらゆる社会課題を解決し，一人ひとりが快適で活躍する社会をめざすとされています。これから到来するそのような新しい時代に対応した人材の育成が，教育の今後の大きな役割になっていくと考えられます。

　Society 5.0時代を生きる子どもたちの可能性を引き出す，個別最適な学びと協働的な学びを実現するため，政府は GIGA スクール構想を打ち出しました。この構想の大きな柱は，「1人1台端末」整備と高速大容量の通信ネットワークの整備の2つです。これらの整備を通して，学びにおける時間・距離などの制約を取り払うこと，個別最適で効果的な学びの支援，プロジェクト型学習を通じて創造を育む教育，をめざすとしています。

未来を拓く Google Workspace for Education

　これらの動きの中で，ひときわ注目を集めたのが，Google Workspace for Education でした。GIGA スクール構想が予算化され，教育委員会が選定に入り，対象となる自治体のうち半数が Google Workspace for Education と Google Chromebook を採択しました。

　選ばれた理由はいくつかありますが，まず何といってもシンプルなこと。Google Workspace for Education は，クラウドベースのサービスで，すべてのアプリはインストールの必要もなく，アカウント一つですぐに使え，インターネットに接続すればどの端末でも同じ環境で作業が可能です。管理するのも簡単で，先生や管理者は設定や個別の生徒の管理，端末の管理に時間や労力を掛けずに済みます。また，Google Workspace for Education は無料（一部有料）のサービスですし，Chromebook™ も大変安価な端末です。付属の管理システムである Google Classroom を使えば，先生はリアルタイムで課題を配信したり，フィードバックしたり，回収採点をワンストップで行うことができます。

　これまでのアナログの作業に比べて，時と場所を選ばず作業が可能で，すべてデジタルで完結するため，大幅に時間を節約でき，先生の本来業務である生徒と触れ合うことに，多くの時間を向けることができるようになります。

　この他にも，文書作成の Google ドキュメント，表計算作成の Google スプレッドシート，プレゼン資料作成の Google スライド，アンケートやテストを簡単に作成・配信ができる Google フォーム，図や表，イラスト作成の Google 図形描画，メール管理の Gmail，オンライン上に様々なデータをほぼ無制限で保存できる Google ドライブ，スケジュール管理の Google カレンダー™，魅力的な遠隔授業ができる会議アプリの Google Meet，などたくさんのアプリを利活用できます。そしてこれらのアプリが相互に関連し，補完し合っており，連携して様々な効果を発揮します。生徒同士が共同作業をすることもでき，グループワークを簡単に行うことができます。

　これらのツールで学習を積み重ねた児童・生徒は，社会人になった時，クラウド感覚を身につけ，共同作業を自然なことと感じ，Society 5.0で到来する未来の社会に創造的で革新的な社会人として活躍することが期待できるでしょう。

（遠島　充）

アクティブ・ラーニングや遠隔授業で楽しく使える インタラクティブ・ホワイトボード・ツール

■ Google Jamboard とは

　Google Jamboard は，大型のデジタル・インタラクティブ・ホワイトボードです。テキストだけでなく，アイデアをホワイトボードにスケッチしていくことで，児童生徒の創造性を発揮することにつながります。記入した文字のテキスト化や，絵のイラスト化等，Google の最新の AI にも触れることのできるホワイトボードになります。1 つの Jam ファイルに複数人でアクセスが可能です。Jamboard はもちろん，タブレットやスマートフォンからも会議の内容をリアルタイムに確認し，編集することが可能です。Google Workspace と同じ感覚でデータの作成・保存・共有することができます。授業で作成したデータはリアルタイムで Google ドライブに保管されます。生徒や教師同士でデータの共有も簡単です。プリント配布などを減らし，一層ペーパーレス化が進みます。もともとは，Google Jamboard とは大型のデジタル・インタラクティブ・ホワイトボードを指す言葉です。記入した文字のテキスト化や，絵のイラスト化等，Google の最新の AI にも触れることのできる多機能型のデジタルホワイトボードです。ただ，別途ライセンス料がかかることもあり，まだ導入校は少数にとどまっています。一方，Jamboard アプリなら，Google Workspace アプリ群の一つとして提供されており，魅力的な機能の大半を無料で利用することができます。Chromebook や Chrome ブラウザを使えばデバイスによることなく利用できます。そのため Google Jamboard と言えば，Jamboard アプリを指す場合が多くなっています。本章で取り上げる Jamboard も，原則として Jamboard アプリのことを指しています。

　Jamboard は，1 つの Jam ファイルに複数人でアクセスが可能です。Jamboard はもちろん，タブレットやスマートフォンからも会議の内容をリアルタイムに確認し，編集することが可能です。Google Workspace と同じ感覚でデータの作成・保存・共有することができます。授業で作成したデータはリアルタイムで Google ドライブ™ に保管されます。生徒や教師同士でデータの共有も簡単です。プリント配布などを減らし，一層ペーパーレス化が進みます。

■無料の Jamboard アプリで手軽にグループ学習

　Jamboard アプリはタッチパネルで手書きができるホワイトボードです。もちろんタッチパネルの無いデバイスでも利用できますが，Chromebook や iPad などのタッチパネルが使えるデバイスに，スタイラスペンを組み合わせる使い方をすると楽しさ倍増です。生徒たちも喜んで楽しく（勝手に!?）遊び始めます。手書き以外でも，キーボードで文字を入力することもできますし，図や画像を挿入することもできます。付箋が用意されていますので，ペタペタ貼って文字を書き入れれば，簡単にブレストすることができます。Jamboard は，リアルタイムで共有できるホワイトボードですので，あたかもグループ全員で1枚のホワイトボードに同時に書き込んでいるような感覚で記入でき，グループ・ミーティングがとても盛り上がります。完成したデータは参加できなかった生徒にもあとから共有することができます。また，Google Meet を使った遠隔授業の際には，ホワイトボード機能（Jamboard）を使って簡単にディスカッションできる機能が付属しています。例えば，自宅など遠隔地で参加した生徒同士が，ブレイクアウトセッション（グループ活動）しながら，Jamboard で共同編集してあれこれ会話しながら，話合いを進めていくといった学習が可能になります。

■楽しく使うちょっとしたコツ

①背景を設定

　Jamboard アプリには，標準で罫線やグラフ用紙を選べます。またロイロノート・スクール（株式会社 LoiLo）のようなシンキングツールの画像を背景にすれば，様々な思考法を学ぶ授業を行うことができます。

②ペン

　ペンの種類は，ペン，マーカー，蛍光ペン，ブラシの4種類から選べます。色は，白黒の他に青・赤・緑・黄の4色が選べます

③付箋・テキストボックス

　付箋に記入して貼り付けることができます。付箋の色は，黄・緑・青・ピンク・オレンジ・色なしを選択できます。見出しをつけたり，長い文を書いたりするときは，テキストボックスも便利です。

④画像・図形を追加

　Google フォト™ やドライブ，画像検索，カメラ，URL から選んで貼り付けることができますパソコンなどからファイルをアップロードすることもできます。画像検索を使うと，検索結果がフェアユースになっており，学校利用では大変重宝します。円や四角形などの描画機能は，付箋を整理するときに便利です。　　　　　　　　　　　　　　　　　　（遠島　充）

自他の解釈をつないで
物語の解釈を深めよう

#小学校 #読むこと #お手紙

1 授業の概要

小学2年の物語教材「お手紙」の実践です。本教材の山場場面である「かえるくんががまくんにお手紙の内容を告げる」場面について，「かえるくんは，どうして手紙の内容まで伝えてしまったのか」と発問します。ノートに記述した自分の解釈，さらに他者の解釈を撮影し，Jamboard に挿入していきます。このようにして Jamboard に蓄積した情報を関連付けて，自分の解釈を見直し，よりよいものへと高めていきます。

2 ギャラリーウォーク× Jamboard

ギャラリーウォークとは，考えを交流する際に用いられる手法の1つです。次のような流れで行われます。
①ノートに自分の考えを記述する。
②ノートを机に置いて，他者のノートを見て回る。
③他者のノートを見て気付いたことを，自分のノートに記述する。
この手法を用いる良さは，学級全体の子どもの考えに触れることができるため，多様な

視点を得られるということです。また，比較的短い時間でたくさんの考えに触れることができるということもあります。一方で，受け取る情報量が多くなるため，低学年の子どもにとって記憶しておくことが難しくなります。

そこに，Jamboard の機能が有効に働きます。気になった考えが記述されたノートを撮影し，Jamboard に蓄積していくことで，いつでも振り返ることが可能になります。撮影した画像の縮小，拡大，移動が簡単にできるため，低学年の子どもも直感的に操作することができます。

3 自分の解釈を記述する

まず，「かえるくんは，どうして手紙の内容まで伝えてしまったのか」という問いについて，それぞれが自分の解釈を表現します。小学校2年生という実態を踏まえると，解釈を端末に入力していくことは難しいと思われます。したがって，解釈はノートに記述していきます。ここでは，次のような解釈が見られました。

「私は，多分がまくんがかわいそうだから言ってしまったのだと思いました。」

このような記述をカメラ機能で撮影させて，Jamboard に挿入することを促します。

4 ギャラリーウォーク

自分の解釈を Jamboard に挿入した子どもたちの中には，「本当にこれでいいのかな」，「他にも理由があるかもしれない」などと，不安や困り感を抱いている子どももいます。

そこで，そのような思いの共有を促した後，「よりよい答えを考えるために，友達の考えを見て回りましょう」と働きかけます。ここでギャラリーウォークの開始です。この時，「端末をもっていって，自分と違う考えだと感じたものを Jamboard に入れていきましょう」などと，加えて働きかけます。また，撮影する数を3～4に限定することも重要です。

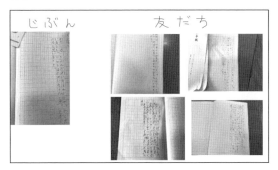

子どもは，「これも撮影したい，これも撮影したい」と，どんどん Jamboard に情報を蓄積していきます。しかしながら，撮影する数が4つに限定されていることで，「じゃあ，これはやっぱり消そうかな」などと，情報の取捨選択をしていきます。この取捨選択にあたって，自ずと自分の解釈と比較する思考が促されます。そして，自分の解釈をよりよくする見通しをもっていくことになります。

5 自分の解釈を修正する

ギャラリーウォークを経て，子どもには「解釈を修正したい」という思いが高まっていきます。ここでは，Jamboard に蓄積した他者の解釈を参考にしながら，再度自分の解釈を表現することを促します。

【他者の解釈①】 がまくんが「あきあきした」と言って，あまりにもしょんぼりしていたから。	【他者の解釈②】 「喜ばせたい」，「どんな顔するかな」っていう楽しみがばくはつしたから。
【他者の解釈③】 手紙がとどく前に，早く幸せな気持ちにしてあげたかったから。	【他者の解釈④】 がまくんが手紙がくることを信じていなくて，イライラしていたから。
【修正した解釈】 わたしは，早くがまくんをよろこばせたかったから，言ってしまったと思います。がまくんはすごくしょんぼりしていて，かえるくんはお手紙がくる前に楽しい気持ちにさせなきゃと思ったと思います。あと，早く手紙のことを言いたいっていう楽しみな気持ちもばくはつしちゃったんだと思います。	

この子どもは，4人のノートを撮影して，Jamboard に蓄積し，解釈を修正しました。他者の解釈を取り入れることにより，しょんぼりしているがまくんに対するかえるくんの心情を，具体的に解釈することができました。また，「早く手紙のことを言いたいっていう楽しみな気持ちがばくはつした」という，異なる視点での解釈も取り入れることができました。このように，Jamboard を活用することで，ギャラリーウォークによる交流を充実させ，解釈の深まりを促すことができます。

（中野裕己）

ノートやワークシートを Jamboard の背景画像にすれば，縦書きの手書き文字をクラウド共有して解釈をつなげる授業が可能です。

情報を整理・分析して つなぎ，調査したことを 発信しよう

#小学校　#書くこと
#みんなが過ごしやすい町へ
#シンキングツール

1　授業の概要

　小学5年の書くこと「みんなが過ごしやすい町へ」（光村図書）の単元です。この単元では，みんなが過ごしやすい町づくりの工夫を見つけ，報告書にまとめます。インターネット，インタビュー，アンケート（フォーム）などを活用して集めた情報を，シンキングツールを背景に設定したJamboardに整理していきます。そして，情報の取捨選択をした後，ドキュメントを使って報告書を作成します。

2　テーマの設定

　「みんなが過ごしやすい町づくりのために，どのような工夫がされているか」という学習課題を立てて，テーマを設定します。子どもの経験を想起させるために，可能であれば地域に出て，実際に目で見たり耳で聞いたりする時間を取ると，単元の学習への意欲が高まります。また，このようなフィールドワークを行うのであれば，端末をもって気になったものを撮影したり，町の方へのインタビューを録音したりすると，それらが書くときに役立ちます。もちろん，事前に許可を取るなど個人情報には十分留意する必要があります。

3　情報の収集

　テーマを設定したら，そのテーマに関わる情報を収集します。ここでは，「点字ブロック」をテーマとして設定した子どもを中心に，実践を紹介します。

　この子どもは，町で目にした点字ブロックに興味をもち，より具体的に調べてクラスの友達に発信したいという目的意識をもちました。

　そこで，まずクラスの子どもたちの点字ブロックに対する意識を調査することを目的に，フォームを作成しました。このフォームは，「点字ブロックを見たことがあるか」，「どのような場所で見かけたか」，「何のために設置されているかわかるか」といった，点字ブロックに関する理解を確かめる質問事項が設定されています。

　フォームでアンケートを取ることで，学級の多くの子どもが，点字ブロックを知ってい

るものの，その機能に関しては理解が不十分であることが明らかになりました。しかしながら，フォームを作成した子ども自身も，他の子どもと同様に不十分な理解に留まっている状態です。

次に，インターネットを使って，点字ブロックについて調べました。インターネットページを参照して，様々な情報を集めていきます。前述のフォームによる調査結果やインターネットから得た情報は，Jamboard にメモしていきます。この時，多くの付箋を使って情報を細分化してメモしていくよう指示をします。

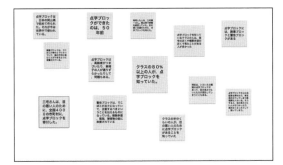

このように細分化しメモすることによって，情報が整理しやすくなります。

4　Jamboard で情報を整理

ここでは，報告書にまとめることを見据えて，情報を整理する時間を設定します。このとき，子どもに複数のシンキングツールを提示して，活用したいもの選択できるようにします。そして，Jamboard の背景にシンキングツールを挿入して，付箋化した情報を整理することを促すのです。例えば，次のように整理する子どもの姿が表れてきます。

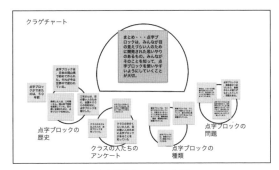

クラゲチャートの例

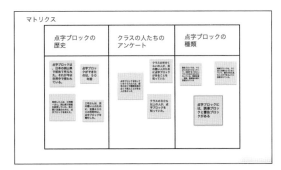

マトリクスの例

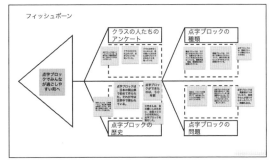

フィッシュボーンの例

シンキングツールの選択を子どもに委ねることは，子どもの情報活用能力の育成にもつながります。

その後，整理した情報を基に，ドキュメントで報告書を作成するように促していきます。

（中野裕己）

付箋で発散（アイデア出し）をして，背景画像のシンキングツールで収束（構造化）する活動は，Jamboard の基本形です。

褒め褒めコメントの共有で書き初めスピーチをしよう

#全校種　#話すこと・聞くこと

1　授業の概要

　本校では冬休み課題に「書き初め」があります。休み明けの授業で，生徒は書き初め作品を見せながらスピーチをします。聴衆はスピーチ内容や話し方などに対してJamboardでコメントをします。基本的には「褒め褒めコメント」を推奨しています。教師は，スピーチをしている様子をiPadやスマホで写真に撮り，その場でJamboardに貼りつけます。

　これまでは，①紙の評価シートに各自評価を記入し，回収後教師がまとめ直して生徒に配布する。②紙の付箋に評価を記入して，スピーチ後にスピーカーに渡す。といった方法で行ってきたことを，Jamboardアプリを使用することで，その場で共有することができるようになりました。

2　事前の準備

　Jamboardを開き，新規ファイルを作成します。1つのファイルに「フレーム」は20枚ですので，在籍人数によ応じてファイルを複数用意し，「フレーム」の1枚目に，約束

事を明記します。

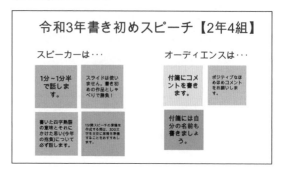

　2枚目以降の「フレーム」は生徒1人に1枚を割り当て，生徒の名前を入れます。発表順になっている方があとがスムーズですが，私の場合はスピーチの順番をClassroomのStudent selector機能を使ってその場で決めることも多いので，とりあえずは出席番号順などにしておきます。

3　スピーチとコメント

　本校では書き初めに席書大会のようなお手本はなく（学年によって書体指定あり），生徒自身の目標によって4〜5字で好きな言葉を書いてもらいます（大抵四字熟語）。

　生徒は書き初めに選択した言葉の意味や，言葉に込めた1年の抱負をスピーチします。学年に応じて，1分〜3分程度の時間を設定し，スピーカーにはスライドなどを使用せず「書き初め作品としゃべり」で勝負することを伝えます。

　オーディエンスは，スピーチの内容・話し方・書き初め作品について，Jamboardの「付箋」を利用しコメントをします。

　スピーチの様子は，写真と動画で記録します。撮った写真はその場でJamboardの生徒の「フレーム」に貼り，写真の周囲に評価

コメントが並ぶようにします。

＊このフレームでは生徒氏名が縦書きになっています。「テキスト」の枠の幅を１文字分にすると，縦書きにしたように表示されます。

4　相互評価と振り返り

生徒の相互評価に「褒め褒めコメント」を推奨している理由は，①「評価」というと悪いところやできていないところに目が行き減点法になりがち，②１年の始まりのスピーチに対して肯定的なコメントをもらい，前向きな気持ちを継続してもらいたい，などがあります。私の授業では，普段からスピーチの機会を設けているので，スピーチの改善点は生徒本人が一番よくわかっています。撮影した動画は教師がドライブに保存し，スピーカーの生徒本人と共有します。生徒は自分のスピーチを動画で確認し，オーディエンスからもらったコメントとともに振り返ることができ

ます。

生徒本人が自分の発表について振り返りをする場合，フォームを利用することが多いと思いますが，記述のみの場合は Classroom の「授業→質問」を活用しています。ここに，Jamboard のリンクや授業で使用した資料のリンクを貼っておけば，振り返りをする時にもすぐにアクセスができ，かつ，時間が経過しても生徒が自身の振り返りをすぐに確認できるというメリットがあります。

5　改善点

次回以降の改善としては，付箋の色を観点別に指定する（例えば，スピーチの内容は青，作品についてはピンク，声量やノンバーバルコミュニケーションについては黄色など）ことで，振り返り時に整理しやすくなります。また，オーディエンスの人数が多い場合は，同じ生徒のフレームを複数用意して，出席番号で区切って付箋を貼ってもらう（出席番号１～20番は１枚目，21～40番は２枚目など）と混乱が少なくなります。

（一木　綾）

小学校でも，図工作品の紹介などをテーマに，スピーチを行う機会があります。本実践のように Jamboard を活用して展開することで，素早く多くの反応を集めることができると感じました。

説明文中の画像・グラフを読み解く力をつけ，内容を読み深めよう

#中学校　#読むこと
#シカの落ち穂拾い
#非連続型テキスト

1　「図表を読む」活動と ICT の相性

　説明文の読解では，図表が文章理解の鍵となることがあります。実験や観察した結果を，多くの言葉で説明することなく簡潔に整理して示すことができるのがグラフ，表です。また，画像は文章とは比べ物にならないくらい多くの情報を読み手に与えることができます。説明文を読む学習で図表が出てきたら決して軽く読み飛ばすことなく，この豊かな情報源から，多くの事柄を的確に読み解いていく必要があります。

　この図表や画像を扱う際に ICT が効果を発揮します。ICT は画像の処理に優れています。カラーの画像をそのまま生徒のタブレット・PC 上に示すことができます。また，線や文字を画像上に書き（描き）込むこともできます。本実践ではこのような ICT の強みを活かし，Jamboard を活用して図表を読み解く学習活動を展開しました。

　以下の授業事例は，Jamboard で背景に画像を埋め込み，クラス生徒30人分のページを作って配付して行いました。生徒がそれに一斉に書き込む形で学習を進めました。

2　「図表を読む」授業事例

単元名　文章と図表を関連付けて読む
教材　シカの落ち穂拾い（光村図書）
学年　中学 1 年
学習の流れ

　まずは題名読みから。「シカの落ち穂拾い」からどんな文章内容を想像するか，何が書かれていると思うか，予想を出し合います。次に，筆者が文中で紹介しているミレーの「落穂拾い」とシカの落ち穂拾いの写真を比較し，どんなところが似ているのかを Jamboard 上で書き込みし合い，共有しました。それを踏まえて「シカの落ち穂拾い」について，自分の言葉で定義をしました。

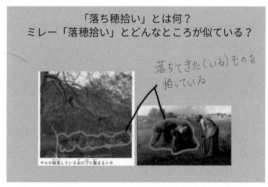

　次に，説明文を読み進め，シカの行動を観察したグラフが出たところで立ち止まり，グラフと表をじっくりと読んでいきます。

　教師から，このような問いを投げました。

> あなたが研究者なら，図 1，表 1 から
> ①どんなことに気付きますか？（事実）
> ②そこからどんな仮説を立てますか？
> （〇〇なのではないか？）

　ある生徒は，「落ち穂拾い」に出会う割合の変化と観察回数，そしてシカが採食した植

物のデータを関連付けて「4月は1回の落ち穂拾いの時間が短い。何回も落ち穂拾いに行っているのではないか」「秋は得られる植物の量が多いので，落ち穂拾いに出会う割合は減る（一回で済んでしまう）のでは」という推察をしていました。

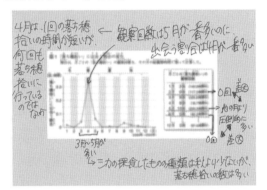

次の時間は，研究者である筆者が，シカ本来の食べ物であるイネ科の草の供給量と落ち穂拾いに着目して観察をしていく部分を読んでいきます。

ここでは，該当の部分の文章を読んで理解したあとで，グラフと表を読み解いていくこととしました。そして，文章で読み取って理解したことを，各自がグラフ，表上に書き込んでまとめる形の活動に取り組みました。

最後にまとめとして，本文を要約する学習に取り組みました。ただし，機械的に全文要約する活動では生徒の意欲は続きません。そこで，Google ドキュメントでレポートを作成する学習につなげることにしました。教師がレポートのテンプレートと教科書の画像データをコピーして配付し，生徒はその枠に沿って研究内容と図表をまとめていきます。今度は，図表と文章を理解するためではなく，わかりやすく説明をするために再構成して，レポート形式で表現をしました。

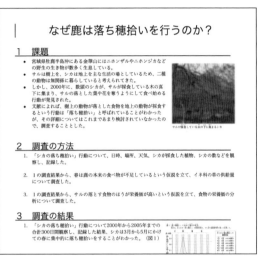

このように図表から理解し，理解したことを図表で表現するというサイクルを回していくことで，図表の読み解き方を体得し，説明文の内容理解を深めていきました。

なお，生徒にとっては，ドキュメントに図表を挿入してレポートを書く活動は初めてのことでした。この国語科の学習を生かして，総合的な学習の時間の個人研究レポートの作成につなげていくことができました。

（渡辺光輝）

文章と図表を結び付けて読むことは，小学校高学年の指導目標にもなっています。小学校段階でも取り入れたい活用法です。

インタラクティブな学習環境が構築できる
黄金コンビ

■ Google フォーム

　Google フォームは，アンケート作成・管理ソフトです。Google フォームでは，アンケートや小テストを作成したり，出欠を確認したりすることができます。数多くの回答形式を備えており，回答者が答えやすいアンケートを簡単に作成することができます。回答形式には，複数の選択肢から１つを選ぶラジオボタン式やプルダウン式，選択肢から複数を選ぶチェックボックス式，良いか悪いかなど評価の段階を回答する均等目盛式など多くの形式があります。テキストを入力させるには記述式，段落を選べます。

　Google フォームでは，質問の内容からデータの種類が自動で選択されたり，回答オプションの提案がされるフォーム作成を支援する機能があります。

　「回答の検証」を使えば，フォーム記入時のルールを作成し，そのルールに従って回答が記入されるように設定できます。たとえばメールアドレスの入力を求める場合，適切な形式のメールアドレスが入力されたフォームのみを送信できるように指定できます。その他，数字，テキスト，長さなどを指定することができます。

　回答を必須にする機能や，点数や正誤属性をつけた小テストを作成することも可能です。Chromebook を使えば，ロックモードを使って，テスト中に他の Web サイトを閲覧したり，他のアプリを開いたりすることができなくする機能もあり，生徒は集中してテストを受験できます。

　フォームを他のユーザーと共有したり，回答の集計を即座に行い，グラフで可視化することも可能です。

■ Google スプレッドシート

　Google スプレッドシートは，Google が無料提供する，Web ブラウザ内で動くオフィスソフト内の表計算ソフトです。表計算ソフトとは，数値データの集計や解析，複雑な計算などを行えるソフトウェアです。Google スプレッドシートでは，１つのスプレッドシートを複数のユーザーが同時に編集できるだけでなく，セルのデータを変更したユーザーを確認できます。

さらに，データが変更された日時と変更前の値を知ることもできます。

　数式，関数，書式設定，グラフ作成のオプションを使用すれば，スプレッドシートの一般的な作業を短時間で行うことができます。Google スプレッドシートには，400種類以上の関数が用意されています。これらの関数を使って，データの操作や，文字列，数値の計算を行うための数式を作成することができます。

　多数のデータをさまざまな角度で分析できるピボットテーブル機能も実装されています。ピボットテーブルを使用すると，大きなデータの集合体から分析対象を絞り込んだり，データポイント間の関係性を確認することができます。たとえば，ピボットテーブルを使って特定の月に最も成績を上げた生徒を調べることなどができます。元データを変えずに集計を切り替えることもできます。数式や関数などを使わずに処理できるので元データを壊すリスクも減らすことができます。

　データの並べ替えや抽出など繰り返し同じ操作をする場合は一連の操作をマクロとして記録することができます。マクロを使用することで，作業の大幅な効率化を図ることができます。

　Microsoft Excel から Google スプレッドシートへの移行もできますので，これまで作成した財産も有効活用することができます。

■フォームとスプレッドシートは最強コンビ！

　Google フォームで受け付けた回答の集計は，フォームの編集画面から簡易的に確認できます。また，回答タブの右側のスプレッドシートの作成ボタンを押すと，Google スプレッドシートに集計することもできます。スプレッドシートに回答が保存されることで，集計後に編集や分析を簡単に行うことができます。回答スプレッドシートは新規に作成することもできますが，既存のスプレッドシートを指定することもできます。同じコミュニティでフォームを使いまわしする際は，同じスプレッドシートに回答をまとめておくと，仲間と共有する際に便利です。また，回答スプレッドシートをサイトなどにアップしておくと，回答一覧を共有する際に大変便利です。例えば，国語の授業で，文章を読んだ感想などをフォームで生徒から収集し，サイト上にスプレッドシートを共有しておくと，生徒たちからはどのような感想を寄せられたかをリアルタイムで確認することができます。フォームとスプレッドシートを組み合わせることでインタラクティブな環境を簡単に作成することができます。

（遠島　充）

ワードハントで言葉との出会いを演出しよう

言語活動に取り組む先生のためのサイト
- TEAChannel

全校種　# 知識・技能
走れメロス　# 故郷

1　言葉との出会い

　「知らない言葉に出会う」「言葉の意味を知る」ことは，日々言語を介して思考し他者とコミュケーションをとる私たちにとって非常に重要なできごとであり，私たちの世界の見え方をはっきり鮮やかにしてくれます。しかし，多くの場合それは書物や映像，他者との会話の中で「出会ったり」「知ったり」した言葉を受け取り，理解して蓄積していく作業であり，意識的に行わなければ「出会わなかった」ことになってしまう危険もあります。そこで，ご紹介したいのが，ワードハントです。

2　辞書を言葉を楽しむ出会いのツールに

　まずは，紙の辞書をメインにした学習活動で，基本的な手順は以下のとおりです。
①辞書を適当に開き，ページを眺める
②そのページの中で印象に残った言葉にサイドラインを引く
③付箋に日付と出会った言葉を記入し，当該ページに貼る

④①に戻る　の繰り返し
　3〜5分程度でも複数の言葉に出会うことができます。そして，その時間に出会った言葉の中からいちばん素敵だと思った言葉をGoogle フォームに書いて提出します。提出された言葉のリストは，スプレッドシートに書き出して共有します。
　シンプルな活動ですが，多くのメリットがあります。
（1）勉強が苦手な生徒でも，「言葉と出会うこと」には容易に取り組める。
（2）付箋や Google フォームで自分の「学び」が可視化できる。
（3）褒める，対話の機会を増やせる。（「面白い言葉だね」「私も知らなかった」「教えてくれてありがとう」など）
（4）少し時間が余った時や移動教室の後で生徒が全員そろっていないから授業できないといった隙間時間を有効に活用できる。
（5）結果として，辞書を調べるツールとして使う生徒が増える。

3　スプレッドシートでわくわく語句調べ

　紙の辞書を使いつつ，スプレッドシートでの作業を中心にした事例です。
　中学生の定番教材『走れメロス』や『故郷』などは，書かれた時代も古く令和の子どもたちには難しい語句や表現も多いようです。多くの場合，新出の語句について国語辞典を引き，ノートにまとめたり，ワークシートに記入したりと，個人の孤独な作業になりがちです。そこで，1人1台の端末を利用した協働作業へ転換します。

手順は以下のとおりです。

（1）スプレッドシートのファイルを生徒全員で共有します。ページ・行・語句・意味・担当者名を入れる枠をつくります。枠の左側に通し番号を付けておくと便利です。

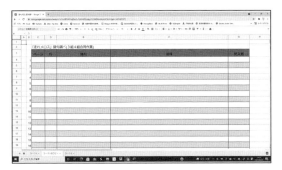

（2）通読したときにわからない語句や調べておくべきと判断した表現などをチェックしておき，表に入力させます。教科書の脚注に示される語句を含め，教科書のページ・行とともにいくつでも入力します。

　入力欄の混乱を避けるために，左側に付けた通し番号を使い，自分の出席番号の欄に入力するように伝えます。複数の語句を入力する場合には行を挿入します。また，この段階ではまだ「記入者」は空欄です。

　全体を眺めて，書き漏らしている語句があれば表の下に追加させます。

（3）語句の入力が済んだら，ページと行を使ってソートします。

　同じ語句が複数の「行」に並ぶ場合は一つにまとめても構いません。その場合は改めて通し番号を振り直します。

（4）国語辞典で指定された番号の語句を調べて入力していきます。入力が終わったら「担当者」に自分の名前を入れます。

　1つの語句が完了したら，表の下の方の担当者がいない語句について調べます。1つで

も多く名前を残せるように，生徒たちは競うように調べ，入力します。

（5）スプレッドシートには，調べた語句に関連する写真や図などのリンクを貼ることができます。やり方がわかっている生徒が1人でもいると，互いに教え合いあっという間にみんなができるようになります。

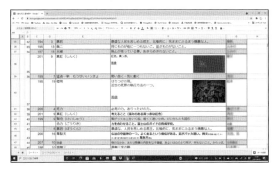

　『走れメロス』の語句調べでは語数が多かったので，2クラス合同作業にしました。授業時間は別々ですが，合同でやってみると，他のクラスの友人がどの単語を担当としたのか興味津々。表をくまなく見て，生徒同士で盛り上がり，何度もファイルを見返すなど，予想外の効果がありました。

　教材ごとにスプレッドシートのタブ（シート）を使うことで，1年間の語句ノートとして1つのファイルで共有できます。語句の意味，出典，例文などの項目次第でさまざまな言語活動に広がります。

　また，スプレッドシートのデータをそのままQuizletにインポートするだけで，すぐに学習セットができあがるのも便利です。

（一木　綾，上田祥子）

> 調べたことを Google フォームに入力させると語釈の字数制限が可能。言葉の意味を説明する力，まとめる力を伸ばせます。

簡単に導入できて応用しやすい
— Google フォーム ＆
Google スプレッドシートの活用事例

生徒による小テスト作成で
簡単に楽しく
学習効果を高めよう

中学校
形の似た漢字　# 漢字の意味
同訓異字

1　授業の概要

　フォームの共同編集機能を使って，生徒が小テストを作成し，単元最後の確認テストとして取り入れた授業です。『新しい国語２』（東京書籍）内の単元「形の似た漢字」「漢字の意味」「同訓異字」を扱いました。教科書に配置されている知識単元において，生徒が楽しめるアウトプットの機会を設けることで，知識定着率の向上をねらいとしました。

2　授業の流れ

（1）事前準備（1～2時間目）

　該当単元（「形の似た漢字」「漢字の意味」「同訓異字」）の説明部分を通読します。その後，各単元に記載してある「問題」を生徒1人1人が分担します。生徒は，担当した問題の解説をスライドにまとめていきます。教師は，スライド作成後に発表をしてもらうということを生徒に伝えておきます。

　1つのスライドを共同編集していくことで，発表をする際の教師の手間が省けます。また，生徒は作成中に友人のスライドを見ることも

できるため，自然と切磋琢磨してスライドを作成するようになっていました。

　教師は生徒全員の作成過程を見ることができるため，作成につまずいている生徒に適宜アドバイスを行います。

　ある生徒は，英語に言い換えたときの違いから漢字の意味の違いを説明していました。発表というアウトプットの機会を設定するだけで，こんなにも生徒は試行錯誤をしていくのかと感心しました。

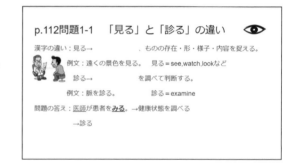

（2）クイズ作成（3時間目）

　各自が作成したスライドをもとに，発表を行います。発表終了後，発表を担当した箇所から各自問題を1問作成し，フォームに共同編集で入力します。

　今回は共同編集でのクイズ作成を紹介していますが，生徒個人でのクイズ作成，少人数グループでのクイズ作成も可能です。クラスの状況に合わせて，作成方法を考えると良いと思います。

フォームで小テスト作成をする際のポイント
①文を記述する方法での問題作成は避ける

　設定した正答と一言一句同じでなければ正解と判断されません。記述にする場合は，「漢字１文字で答えよ」など，正答が１つに絞られる形式が良いです。

②各問題ごとに設定できるメッセージ（フィードバック）を生徒に作成してもらう

　生徒の授業への参画意識の向上につながります。小テスト実施後も，友人からのアドバイスが書いてあると思うと，復習のモチベーションにつながるようです。

※メッセージは，以下の「解答集を作成」から設定できます。

　絵文字を使うなど，より良い伝達のための生徒たちの創意工夫が見られました。

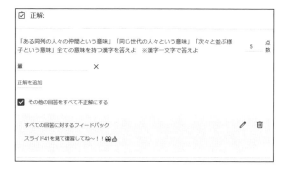

（３）クイズ実施（４時間目）

　作成完了したクイズを全員に共有し，一斉に解きます。解答結果のスプレッドシートを教室で投影しておくと，臨場感が出て盛り上がります。ただし，生徒氏名を投影するかどうかは，配慮が必要です。

（４）クイズ実施後

　小テストの結果分析を踏まえ，授業内容の補足を教師が行います。

3　おわりに

　生徒主体で行ったこの単元の知識定着率は，従来以上のものでした。ICT を利用することで，簡単＆楽しい＆学習効果の高い生徒主体の授業運営が可能になります。

（祐源　愛）

　　フォームには，画像や動画を入れられます。不正解だった解答者に対するフィードバックに解説動画を提示することもできます。

短い文章で表現する力を育成し，コメント力を高めよう

#全校種　#話すこと・聞くこと
#書くこと　#グループワーク

1　コメント力はどこでも磨ける

　何か意見を求められたり，感想を言わなければならない場面はよくあります。でもつい，「特にありません」と返してしまい，気まずい雰囲気になってしまうこともあります。社会人になると，コメントする力のあるなしは，仕事上のコミュニケーションにおいて大きな位置を占めると思います。上司と部下の会話なら，上司は部下に「～についてどう思う？」と聞いて，仕事の理解や考え方を試すシーンもありますし，会議では流れに応じた効果的なコメントが求められます。文書の回覧では，短く的を射た文を書かなくてはなりません。私生活であっても同じで，パートナーや友人から話しかけられた事柄に，「特にありません」では，話し相手が誰もいなくなってしまいます。

　しかし，生徒たちのコメントを見ると暗澹たる気持ちになることが少なくありません。決して少なくない生徒たちは，長い生徒生活（？）の中で，聞くことは聞き流すこと，読むことは眺めること，話すことは面倒くさいこと，と学んでしまいました。

　いまアクティブ・ラーニングなどでグルー

プワークが教育のあらゆる場面で行われるようになりました。グループの中で流れに沿って自分なりの事実と意見を整理し，簡潔に伝えるコメント力は増々重要になっています。

　齋藤孝先生（明治大学教授）の著書『コメント力』（筑摩書房）には，「『コメント力』は，当意即妙に切り返すだけでなく，相手が作ってきたものに対してどんな一言を言うのか。それによって相手の人生を前進させる推進力にもなる。」とあります。そのコメントがうまい下手ではなく，その場のウケねらいでもなく，相手の立場に立って，あらゆる角度で自分なりの意見をそっと添える，生徒たちには，そんなコメントができるようになって欲しいなと思っています。

　考えてみると，教師は毎日コメント力が試されていますね。私たちも鍛えねば。

2　「R80」とは

　今回の事例紹介では，中島博司先生（茨城県立並木中等校長）の考案の「R80」を参考にさせて頂きました。中島先生はアクティブ・ラーニングを研究される中で，「ペアワークやグループワークだけで学力は向上するのか」という疑問を持たれました。そこで，短文作成が，思考力・表現力・論理力を育成することになり，ひいてはそれが学力向上につながるとお考えになりました。そこで考案されたのが「R80」です。「R80」のRは「リフレクション（振り返り）」と「リストラクチャー（再構築）」のR，80は，自分で80字以内の文章を書くという意味の80，1文は50字前後が理想とされており，簡潔に明確に

書くことが求められます。先生は，アクティブ・ラーニングを実施した後，振り返りとして，グループで話し合ったことを再構成して80字以内で書かせました。さらに，必ず2文で書き，その2文を接続詞で結ぶという条件をつけました。このテンプレートにあてはめ，何度もトレーニングすることで，思考力・判断力・表現力・論理力が向上するというものです。中島先生の主旨とは異なりますが，この指導方法をお借りして，アクティブ・ラーニングだけではなく，様々な教育活動の振り返りで活用することを考えました。国語の授業では文章を読ませた後，初発の感想などを述べさせることがありますが，このような活動でも応用が可能だと思います。80文字，2センテンス，接続詞，という3点セットが大変わかりやすく，生徒たちにも受け入れやすく，コメント力の向上に役立つと思います。

3　R80「短い文章で表現する」授業事例

　授業開始冒頭，まずは「R80」についてGoogle スライドを使って簡単に説明します。
（説明）『R80』とは
・R = Reflection（振り返り）＋ Restructure（再構築）
・80字以内で書く
・2文で書く
・2文を接続詞で結ぶ
・目的 ⇒ 思考力・判断力・表現力＝論理力（コメント力）を鍛える

『R80』とは？
- R = Reflection　（ふりかえり）
　　Restructure　（再構築）
- 80字以内で書く
- 2文で書く
- 2文を接続詞で結ぶ
- 目的 ⇒ 思考力・判断力・表現力
　　　＝論理力（コメント力）を鍛える

「R80」の説明（Google スライド）

※80字以内をカウントするために，Googleドキュメントの「文字カウントの方法」を紹介します。

　Google ドキュメントで文字数を確認する方法：「ツール」→「文字カウント」

文字カウント（Google ドキュメント）

　そして，「R80」をこれからいろんな場面で使うことを次のように伝えます。「R80はあらゆる活動の最後に振り返り・再構築として活用します。この活動を通して，思考力や表現力の向上をめざします。人前で話す場合や，簡単な報告をすることは社会人にとって大変重要な能力です。この活動を通して，これらの能力をしっかり身につけましょう」

　次に，課題を実施します。

課題

（1）YouTube などで選んだ動画を見せる
　（または短い文章を読ませます）。

（2）ブレイクアウトルーム（3～4人）で
内容を振り返る。

※ブレイクアウトルームは，Google Meet
の有償版のみ利用が可能です

　生徒たちには，ヘッドセットを持参させ，
Google Meet でオンライン会議を実施させ
ます。Google カレンダーであらかじめ参加
生徒を登録させておくと，班分けを事前に行
うことができます。

ブレイクアウトルームの事前設定
（Google Meet ※有償版）

　1人2分程度で気づきを共有させるワーク
をさせます。

　「動画を見て浮かんだ言葉を書こう」と指
示し，生徒それぞれが Jamboard を使って
視覚化し，話し合う場とします。Jamboard
も事前に作成しておき，1つのファイルの中
に複数のページを作っておき，それぞれ「班
名」と「氏名」を記入できる枠を作っておき
ます。このテンプレートは他の単元や教科な
どでも使いまわしができます。

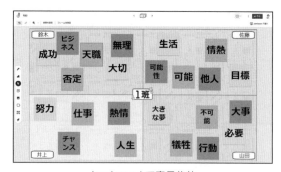

Jamboard で意見集約

（3）Google フォームにまとめと意見を80
文字で書く。

※必ず2文（2センテンス）で書き，その2
文を接続詞で結ぶ

アンケートで課題提出
（Google フォーム）

（4）Google フォームで関連付けられた
Google スプレッドシートの回答を Google
サイトに貼り付け生徒に公開し，まとまった
回答を見る。

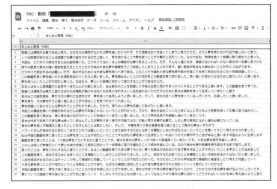

Google フォームの回答
（Google スプレッドシート）

Google スプレッドシートの回答を
Google サイトのページに貼り付ける

（5）ブレイクアウトルームで内容について振り返る。「80文字という短い間にうまく工夫して構成するには？」をテーマにお互いの文章や他のグループでうまい文章を自分の文章と見比べてみる。

（6）Google フォームで感想を80文字で書く。

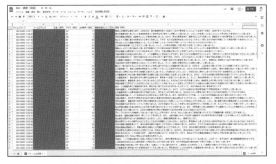

最後の感想も Google フォームで

（7）振り返りをする。

　今回の活動を通して，学んだこと，難しかったことを総括し再度，今日の学びを振り返る。

4　最後に

　これまで，グループワークを取り入れる場合は，模造紙を用意したり，マジックペンなどを用意したり，事前にグループ分けしなければなりませんでした。しかし，テクノロジーを活用することで，時間や労力をかけず，簡単に実施することが可能になりました。また，共同作業ができるので，生徒たちの待ち時間が無くなり，遊んでしまう子がいなくなり，それぞれの作業の密度が上がったと感じます。どの単元でも，気軽にグループワークを取り入れることができますし，「R80」という優れたツールは，多方面で応用が可能です。コメント力は社会人にとって必須の能力です。コメント力を身につけるためには，ものの見方考え方と繰り返し練習して慣れることが必要です。あらゆる機会を捉えて，練習する場を設ける地道な積み重ねを経て，相手の立場に立った建設的で有意義なコメントができる能力を身につけることができます。

（遠島　充）

　確かな目的意識をもたせることによって，フォームとスプレッドシートを組み合わせた共有が効果を発揮するのだと思います。「R80」も含めて，小学校でも実践したい内容です。

『羅生門』の世界を「直喩」で彩り，訴求力を高めよう

高等学校　# 話すこと・聞くこと
書くこと　# 羅生門

1　授業の概要

2020年。年間の授業テーマを「オンラインでも絆を結べる言葉の力」としました。コロナ禍において，言葉の力と「生存率」の相関関係がますます強まるのを感じたからです。

どうしたら相手の心に届く言葉の力（＝訴求力）を育むことができるかということを念頭に置いた実践を考えた1年。語彙力育成を第一に掲げながらも，そこに加え，たとえを使ってイメージを広げる力，つまり「比喩力」を身につけることによって，生徒たちの「訴求力」が加速するとの仮説をたてこのような単元設定を行いました。

まず，導入として生徒たちに「比喩を味わう」ということを体験してもらうために「村上春樹に挑む」という実践を行いました。

そして「比喩を用いて伝えたいものを表現する」ことをゴールとし，『羅生門』の学習後，自分が読み取った『羅生門』の世界観を表現するために，冒頭文を「直喩」で彩ってみるという実践を「知識構成型ジグソー法」（https://coref.u-tokyo.ac.jp/archives/5515）を用いて行いました。

なお，グループ学習のシェアや，知識構成型ジグソー法の「クロストーク」の部分を，Google フォーム・スプレッドシートの投影にて行いました。

スプレッドシート投影の大きなメリットはなんといってもライブ感と同時性です。意見を共有し，対話を加速させる仕掛けとして取り入れました。

2　導入　比喩を楽しむ～村上春樹に挑む～

村上作品の中から印象的な直喩表現の文章をピックアップし，比喩の部分をブランクにしたプリントを作成し，まずは1人で穴埋めに取り組みます。※下線部はブランクにした部分

村上春樹の表現

・まるでまちがえてトカゲを飲み込んでしまったみたいな情けない顔
　　　　　　　　　　　　　　　　　　　　　　　（『Ｓｙｄｎｅｙ！』）
・でもそれに比べると僕の部屋は死体安置所のように清潔だった。
　　　　　　　　　　　　　　　　　　　　　　　　（『ノルウェイの森』）
・彼は一人息子の写真でも見せるようににっこりと微笑みながら
　　　　　　　　　　　　　　　　　　　　　　（『羊をめぐる冒険』）
・気がつくと喉の奥が古い革のように乾いていた。
　　　　　　　　　　　　　　　　　（『神の子どもたちはみな踊る』）
・22 歳の春にすみれは初めて恋に落ちた。広大な平原をまっすぐ突き進む竜巻のような激しい恋だった。（『スプートニクの恋人』）

次にグループで協議を行い，意見を1つに絞り決定した比喩表現をフォームで送信してもらいます。

1	まるで～みたいな情けない顔
2	全ての華が枯れ落ちた桜木
3	三角コーナーのゴミ溜まり
4	失恋した松岡修造
5	道端に捨ててある飲み終えた容器
6	しわくちゃになった新聞紙
7	雨に濡れた木々
8	ドッキにかけられて腰が抜けたとき
9	水に濡れたアンパンマン

スプレッドシートに次々と表示される他の

	暮れ方	羅生門	待っていた
1	黒い鉛の重い雲のような	死の世界のため生と死のさかいめのような	普段の嵐の中で面影に圧倒され、孤独死しそうな小動物のように
2	しんしんと雨が降り積もるような	死の世界の門のような	雨に濡れて震えるウサギのように
3	黒い影に飲みこまれそうな刻のような	酷く腐敗した貝塚のような	捨てられたボロボロの人形のように待っていた
4	黒い鉛のような重い雨雲に包まれた	死の領域への入口	処刑台で禍々しい面影に押しつぶされそうな小動物のように
5	しんしんと霜が降る季節の逢魔時のような	荒んだ街で生きている人さらいのような	雨に濡れてお腹がすき何も考えられない小動物のように
6	この世が終わったかのような寒々しい	賑わいの中に重々しい空気をまとった羅生門	捨てられたボロボロの人形のように待っていた

クロストークにおけるスプレッドシート

グループの比喩表現に教室は大盛り上がり。いたるところで「比喩」にまつわる対話が生まれます。最後は村上春樹の実際の比喩表現を見せてプロの作家の表現力にびっくりしてもらう時間としました。生徒からは「これには勝てない」「なんでこんな表現思いつくんだろう」という驚きの声があがりました。

3 伝えたいものを表現する「羅生門」の世界を「直喩」で彩る

導入では「比喩の力を味わう」活動をしましたが、今回は読み取ったテキストの「世界観」を、実際に比喩を使って「表現」してみるという活動です。学習を進める中で獲得したテキストの「世界観」を協働的に表現する体験を通し、「喩える力」「比喩の力」に気づき、日常生活でも活用する姿勢を獲得してもらうことを目論んでの単元デザインです。

（1）エキスパート活動

まず、冒頭文「ある日の暮れ方のことである。一人の下人が羅生門の下で雨やみを待っていた。」を、A「暮れ方（景・景色）」B「羅生門（舞台）」C「待っていた（人物）」に分け、それぞれのパートを「直喩」で修飾する活動を「個人」→「グループ」で行います。

漠とした「イメージ」を相手と共有できる「具体物」に置き換えることが「直喩」の肝であることを意識し、言語化します。

（2）ジグソー活動

エキスパート活動で創作した比喩表現を班員と共有し、班で1つの文章をつくります。ただ、持ち寄った表現を組み合わせるのではなく、ジグソー活動でよりブラッシュアップできるよう支援することが肝となります。

（3）クロストーク

すべての班の作品をフォームで提出してもらい、結果を随時スプレッドシートで投影します。その際、楽しく対話できるよう、立ち歩きは自由です。次々とUPされる他の班の「表現」に対し、「なんで羅生門が人さらいなの？」「俺は、羅生門が生きてるように感じたんだ」といった各自の「読み」に対する対話が自然と生まれました。

スプレッドシートに次々と意見がアップされていくライブ感は生徒の活動意欲を刺激しますし、対話と学びを加速させる有効な仕掛けであると感じます。　　　　　（上田祥子）

スプレッドシートは、考えを分類・整理し、共有する場面で効果を発揮します。小学校においても、考えの共有場面で活用したいと思える実践です。

魅力的な文書作成ができ便利が広がる
スタンダードツール

■クラウドで便利が広がる Google ドキュメントの魅力

　Google ドキュメントは，Google が提供しているクラウドで管理できる文章作成ツールです。文書の作成，編集，共有，印刷を行うことができます。編集ツールやスタイル設定ツールを使用すると，テキストや段落の書式が簡単に設定できます。いくつかのフォントが用意されており，通常の文書を作成するには困りません。リンクや画像，図形を追加することもできます。クラウドファイルなので，ドキュメント内で他のユーザーと直接チャットでやり取りできます。「@」をつけてコメントを追加すると，即座に相手に通知を送信できます。様々なテンプレートも用意されており，目的の文書をすばやく簡単に作成することができます。

　パソコン，スマートフォン，タブレットなどあらゆるデバイスに対応しており，どこからでも同じ環境下で場所を問わず編集作業を再開できます。Google アカウントを持つ他の複数のユーザーとリアルタイムで共同編集でき，簡単にファイル共有ができます。オフライン中でも作業の継続が可能です。

　Google ドキュメントはインターネットに接続してブラウザから操作できるので，ソフトウェアのインストールが必要ありません。Google ドキュメントはクラウドストレージであるGoogle ドライブに自動保存されますので，保存のし忘れなどの「事故」がありません。

　また，共有したファイルを編集するとリアルタイムで反映され，共同作業を行う際にタイムラグが少なく，シームレスに協働しながら編集作業を行うことができます。編集履歴が自動保存されていますので，誰がどのタイミングで何を編集したのかを確認することができ，好みのタイミングで編集内容の復元を行うことができます。古いバージョンを確認したり，日付や変更ユーザーで並べ替えたりすることもできます。

　Google Workspace のオフィスソフトに共通することですが，有志により作製された，様々なアドオンがあります。好みに応じて Google ドキュメントの使い勝手をカスタマイズすることができます。

　音声入力も便利な機能の１つです。文章入力をキーボードではなく，音声でできるので，文章を書く前の構成段階でのメモ作成や，会議の議事録作成，音声の文字起こしなどで利用する

と大変便利です。

　Microsoft Word で作成したファイルを開いたり，直接編集して保存することもできます。ファイル形式を気にせず作業を継続することができます。

■ Google ドキュメントを使いこなす便利な小技

①音声入力

　［ツール］から［音声入力］を選ぶとマイクのアイコンが表示されます。クリックすると赤くなり，音声を認識する状態になります。何か話すとカーソルが置いてある文書中に自動で文字が表示されます。議事録や文字起こしに大変便利な機能です。

②スペルと文法

　スペルミスを自動的に修正し，スペルの候補や文法の訂正案を表示します。

③文字カウント

　［ツール］から［文字カウント］を選ぶと文字数をカウントしてくれます。原稿作成時などに便利です。

（遠島　充）

学校生活を楽しくする「あったらいいな」を話し合おう

#小学校　#話すこと・聞くこと
#音声入力

1　授業の概要

　本単元は、「あったらいいな」という空想を話題にして話をつなぎ、アイデアをつくりだす、小学2年の話すこと・聞くことの学習です。特に Google ドキュメントの機能である音声入力で話合いを文字化し、話をつなぐ楽しさを実感することを目指しました。

2　量こそが質の低学年期

　話合いの学習で最も重要なことは、発達段階に合った話題や話合いの場を大切にすることです。

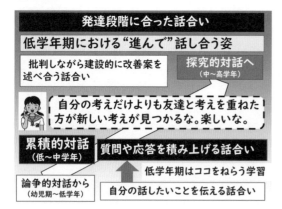

　小学2年は、自分の言いたいことを言う論争的対話から質問や応答を積み重ねる累積的

対話を発揮し始める時期です。だからこそ、「あったらいいなこんなもの」のように空想的な話題で創造的なアイデアをつくりだす話合いが適しています。このような質より量を求める話合いには、話した量が見えることが重要です。そこで、音声入力機能により話合いを見える化する学習を仕組むことにしました。

3　新しい話合いの場

　音声入力の目的はあくまでも文字量の変化を見ることです（内容まで正確な文字変換は、難しい）。そこで、下図のような新しい話合いの場を試行しました。

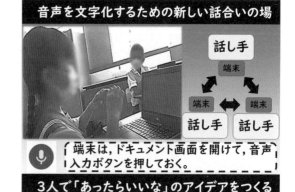

　話し始めに音声入力ボタンを押すことで、ドキュメントに話した言葉が記録されていきます。Classroom でグループメンバーごとにドキュメントをつくりそこに入ることで実現します。距離に関係なく文字化されるので、例えば教室間をつなぐ話合いでも記録が可能になります。

4　見える化した話合いの実際

　端末上でだれがどの発言をしているのかが

わかるように以下のように文字色を端末ごとに変えて設定しました。

　Ａさんは文字色を「赤」にして音声入力をしています。

　Ｂさんは文字色を「青」にして音声入力をしています。

　Ｃさんは文字色を「緑」にして音声入力をしています。

　このように，共同編集している Google ドキュメントで端末ごとに文字色を設定すると誰が音声入力で書いた文章かが子どもたちにもわかります。

一人ずつフォントを色分けして識別する

教室の半分をそのロボットがはいてくれる。全部はいてくれてあと半分は自分でやるというのがいいと思います。楽ってだけではだめで、そっちだけはしなくていいからやる場所が減るようなロボットがいいと言ってるの。形はイルカとか水に関係するやつがよくて、ランドセルの中に入ってたり。でもかかべが綺麗じゃなかったらふいたりちゃんと直したりして、それでまた自分がおかしいなと思うとこは、きちんとすればいい。でも本当にあるよ。プログラミングするところがあって。その仕事はすごいね。私が考えたものはえっとねえっとねえっと雑巾をする前にそのロボットが水を出してくれるやつ。だからそこをふくときにセットについてる鉄のモップでゴシゴシすると、汚れがとれない絵とかあるでしょ。その取れないで絵の具とかも一瞬でとれて綺麗な部屋になるの。そんなふうに考えたら。はらさんは できるのそれは。絵の具をこぼしたりすることがあるからそれがなんだか薄くなる。なるほど。つぎあのね話してもいい。僕が話してもいい。電動のくっつけてみて考えたら、プログラミングしたロボットがお掃除ができる。付け加えたら自分がするのって難しいでしょう。だからできてない部分をロボットが掃除をしてくれらいいと思いますどう思いますか。

共感的に聞く　**話題からそれずに考えを重ねる**

文字量で話のつながりを見える化

　話合い後「何行増えたか」「その結果どのようなアイデアが生まれたか」「話合いを楽しめたか」を問いました。子どもたちは，見つけたアイデアをすぐに絵や言葉で表現し「あったらいいな」をまとめました。

5　話合いの力を自覚

　文字量が目の前で増えることは，子どもにとって楽しいことですが，「この話合いの楽しさとは何か」を話し合うことが大切です。子どもの発話記録を分析すると，「質問や意見をくっつけるとアイデアがパワーアップす

ることが楽しい」という言葉がありました。これは，「話をつなぐ」指導事項の達成を意味しています。

「話し合いの楽しさは何か」を発問する

Ｔ　話合いの楽しさとは何だと思いますか。

Ｃ　自分の意見と友達の意見をくっつけると楽しい考えができることです。

Ｃ　どんどん意見をくっつけるとアイデアがどんどんパワーアップすることが楽しいです。**話をつなぐ力**

Ｃ　もっと質問も言えるようになったらもっと楽しくなると思う。**楽しさの具体**

話し合うことのよさを自覚

6　音声入力の可能性を求めて

　話がつながることで生まれた新しいアイデアは，音声入力の賜物だと言えます。

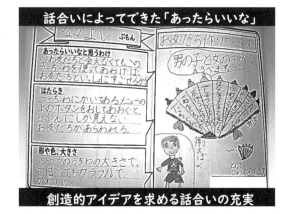

話合いによってできた「あったらいいな」

創造的アイデアを求める話合いの充実

　今後は，構成や内容を改善するツールとして期待ができます。

（大村拓也）

　音声認識の精度はこれからますます向上するはずです。発表音源を文字起こしとともに教材化するような授業実践も期待できます。

教材文の直接書き込みで交流を活性化しよう

#中学校　#読むこと　#星の花が降るころに
#少年の日の思い出

1　ICT で実現する書き込み交流活動

　私の授業では ICT を日常的に活用するようになる前から，生徒が本文に書き込みをする活動は取り入れていました。

　例えば中学1年「星の花が降るころに」（光村図書）の学習で，冒頭と結末部分にある金木犀の場面を抜粋して配布し，書き込んで比較するという学習をしたことがあります。生徒はラインマーカーと色ペンを用意し，本文を指摘し，気づいたことを書き込んでいく形になります。

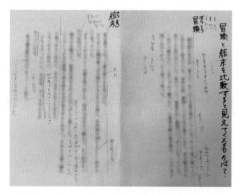

　こうしてじっくり本文と向き合い，感じたことを線や文字で可視化をしていきます。その上で，ペアや4人グループになって，書き込みをした内容を見せ合い交流するというのが，これまでの交流活動のパターンでした。

　本文に書き込む活動を取り入れることで「叙述を根拠に解釈を述べる」ことが自然とできるようになります。書き込みをせずに交流すると，その場の思いつきや，本文を根拠としない感想や空想の述べ合いという「空中戦」に陥ってしまうことがあります。それを防ぐためにも，書き込みをする一手間を入れることは，とても効果的な学習方法であると考え，取り入れてきました。

　そこで，勤務校が1人1台端末環境になってから真っ先に取り組んだのが，この書き込み交流活動のデジタル化でした。

　Google ドキュメントに教材文を打ち込み，それを共有（コメント可）に設定して，クラス全員で本文を読み，コメントを書き込んでいきます。紙の書き込みと異なるのは，全員が同じデータ上で書き込みと交流が一気にできてしまうということです。

　生徒は書き込みする際に，すでに入力されている他の生徒の書き込みも自然に目に入っていきます。また，他の生徒の書き込みに，さらに返答のコメントを重ねていくという意見交流も自然と行われるようになります。紙での交流では，せいぜい座席が近い4～6人で行うことが限度でしたが，デジタルで行うことで，席が遠く離れた生徒とも，クラス全体で，また他クラスや他の学年（例えば，卒業した先輩の書き込みを読むこと）にもつなげることができます。離れた場所でも，オンラインでもこの活動は可能です。

　このように，書き込み交流をデジタル化することで，教室を越え，時間を超えて，多くの人と教材文を媒介にして出会うことができるようになるのです。

2 「書き込み交流活動」授業事例

単元名 「少年の日の思い出」の表現に込められた思いを探る

教材 少年の日の思い出（光村図書）

学年 中学1年

学習の流れ

　まず、作品を一読したあとに、教材文をクラス全体で共有し、1時間とって気づきや感想を書き込み合う活動を行いました。

　この文学教材は中学1年にしてはとても長い作品です。そのため、教材文につけられるコメントが一箇所に集中するということは、それほどありません。「他の人が気づかないような表現にもコメントがつくといいね」とアドバイスすると、生徒はさらに細かい表現や単語の1つにも気をつけながら読み、想像や解釈を広げる姿が見られました。

　例えば、ある生徒は「四つの大きな不思議な斑点が（中略）僕を見つめた」という擬人法の表現から「僕がちょうの虜になっている様子」をしっかりと読み取っていました。また、ある生徒は「そっと食堂に行って」というさりげない描写から、「僕」が「母や他の人に、ちょうを潰す姿を見られたくないのだろう」という心情を想像していました。また、

「もう結構」や「闇」という言葉が冒頭部分と後半部分に二度登場することを発見し、そこから作品の全体構造へ目を向けた気づきを書き込む生徒もいました。書き込む量も、一言だけの生徒も、また100〜200字に及ぶ文量で解釈を述べる生徒もいました。スペースを気にせずに、いくらでも思う存分書けるのもデジタルの大きな強みです。

　たっぷりと時間を取って書き込みをすると、これだけ豊かな読みが広がっていきます。この大量の読みの交流は、「発問―応答」型の授業ではなかなか難しいでしょう。ただし、一気にさまざまな読みがドキュメント上に表出するので、そこからの展開がとても大変なのは事実です。教師は、生徒が書き込んだ大量のコメントを、その場でざっと読み、その中から、特に注意して読み深めさせたいポイントに絞って（たいてい、そういう箇所には、多くの生徒のコメントが付けられています）書き込みをした生徒に、さらに口頭で説明を求めて全体共有していきます。逆に、他の生徒が全く着目しなかった箇所や、意外な言葉にこだわりを持ってコメントを付けた生徒もピックアップして詳しく説明してもらい、そのユニークな解釈を全体で俎上に上げて読みを検討していきました。

　なお、この授業では、その後、異稿の「クジャクヤママユ」とも読み比べ、違いからわかる表現意図や、文章表現の効果について考える学習につなげていきました。（渡辺　光輝）

> 👆 書き込みと交流が一気にできることは、小学校でも有効に働く場面があると思います。初発の感想の交流などで取り入れたいです。

楽しく共同作業ができ取り組みが主体的に変わる いつでも・どこでも・プレゼンツール

■楽しく共同作業ができる生徒が大好きな Google スライド

Google スライドは，Google が提供しているクラウドで管理できるプレゼンテーション資料作成ツールです。Google スライドのプレゼンテーションは，クラウド（Google ドライブ）に安全に保存されます。特別なソフトウェアは必要なく，Web ブラウザー上でプレゼンテーションを作成できます。

様々なプレゼンテーション用テーマ，フォント，動画やアニメーションなどで，アイデアをわかりやすく表現できます。

スマートフォン，タブレット，パソコンなどデバイスを問わず，どこからでもスライドにアクセスして，作成，編集，プレゼンすることができます。オフライン中でも編集可能です。

同じスライドをほかのユーザーと共同で編集できます。

［共有］ボタンをクリックして，閲覧，コメント，編集を許可すれば，共有相手を自由に指定できます。

他のユーザーがスライドを編集していると，変更やテキストの選択に合わせて，そのユーザーのカーソルが表示され，リアルタイムに変更が反映されるので，互いに確認し合いながら，共同編集することができます。

スライド内で直接，他のユーザーとチャットすることもできます。また，メールアドレスに「＋」を付けてコメントを追加すると，相手にコメントを送信することができます。

■教室での取り組みが主体的に変わるスライド作成という魔法

例えば，グループで発表スライドを作成したい場合，これまでは，アイデアを出し合い，分担を決め，紙にアイデアなどを書き出し，プレゼン作成の作業をする生徒は１人でこれらをまとめなければなりませんでした。そして１人がまとめている間，他のメンバーは楽しくおしゃべり…などというシーンをよく見たものです。Google スライドを使えば，アイデア出しも分担も全員参加で同時に進めることができます。スライド作成もまとめも全員が一度に作業をし，分担が終われば，終わっていないメンバーを手伝うなどということが可能となり，作業時間も

大幅に短縮できるようになりました。他のグループが作業を終えていなければ，さらにプレゼンの精度を上げるよう互いにアイデアを出し合ったり，スピーカーノートに話す内容をまとめたり，相互評価するなど，新しい上向きの活動が見られるようになりました。これは先生の指示ではなく，ツールを手に入れることによって生徒たちが主体的にグループに貢献しようとする肯定的な力が働いた好例です。ポスター作成，感想文や意見文，冊子や本の作成などグループで行った方がシナジーが発揮されて良いものができあがる事例はたくさんあります。先生方のこれまで紙や生徒個人ベースで行ってきた作業をスライドを使ってグループで行うことで，新しい活動が生まれることがたくさんあると思います。ぜひチャレンジしてみてください。

（遠島　充）

これがわたしの
お気に入り：
写真をそえた紹介文を
書いてみよう

＃小学校　＃書くこと
＃推薦文，鑑賞文，批評文

1　お気に入りの画像をスライドに

　図画工作の作品や持ち物の中からお気に入りのものを選び，写真を撮影します。撮影した写真は，スライドに貼り付けます。［スライド］→［レイアウトを適用］で［１列のテキスト］を選ぶと，右側のエリアが大きく空いているので，貼り付けやすいです。

　児童が自分で撮影するのが難しい場合は，教師が撮影を代行してもよいでしょう。また，図画工作の作品などからお気に入りを選ばせるという条件がととのわない場合は，「わたしのお気に入りの季節」とか「わたしのお気に入りのくだもの」とか「わたしのお気に入りの動物」などのテーマを設定し，［挿入］→［画像］→［Web を検索］で利用可能な写真を貼り付けるという方法もあります。

　［１列のテキスト］というレイアウトでは，

上にタイトルを入力できるテキストボックスが，下に紹介文を入力できるテキストボックスが配置されているので，画像に合わせて入力していきます。

2　紹介文を書く活動

　紹介文を書かせる時には，段落構成の枠組みをあらかじめ示しておいてもよいでしょう。たとえば，以下のような枠組みが考えられます。
・第１段落　お気に入りの紹介
・第２段落　お気に入りの理由（１つ目）
・第３段落　お気に入りの理由（２つ目）
・第４段落　まとめ
　より書きやすくするためには，模範にできる紹介文の実例を示してもよいですし，書き出しに「これは〜です。」などとあらかじめガイドとなる文字列を入力しておいてもよいでしょう。第２文については，「わたしが〜の時に作ったものです。」「わたしが〜の時に買ったものです。」「わたしが〜の時にもらったものです。」などと，「いつ」ということを書くという約束事を決めておくこともできます。

　スライドを１人１人に別々のファイルとして配布して書かせるのか，１つのファイルに人数分のスライドを並べて共有しながら書かせるのかは，児童の実態に合わせて選択することができます。別々のファイルで作業した場合も，互いに読み合ったり，コメントをつけて感想を伝え合ったりできるように，書き上げたスライドは１つのファイルにまとめるとよいと思います。全体をまとめる表紙のス

ライドをつければ，「わたしたちのお気に入り」作品集ファイルの完成です。

3 データ探索で作品集を作成

表紙のスライドは，レイアウトで［タイトルスライド］というタイプのスライドを選び，タイトルとサブタイトルを入力。［ツール］→［データ探索］を使うと，複数のレイアウトを AI が提案してくれるので，選択するだけで簡単にきれいな表紙ができあがります。

これがわたしのお気に入り
明治図書小学校3年1組

文字を入力しただけのスライド

これがわたしのお気に入り
明治図書小学校3年1組

データ探索で提案されたレイアウト

タイトルと紹介文と画像だけのシンプルなスライドであれば，児童が作ったものにもデータ探索を使うことができます。書く活動に十分に時間をかけられるように，スライドのデザインにかける時間を減らしながらも，見栄えのいいスライドに仕上げることができるので，単元の目的に合わせて活用するとよいでしょう。

ねこのおやこ

スライドのファイルがクラウド共有されていれば，共有設定を変えるだけで学校外に公開することもできますが，授業参観や学習発表会などの際に壁面に掲示して共有したいのであれば，PDF ファイルにしてプリントアウトすることも可能です。［ファイル］→［ダウンロード］で PDF ファイルを選択し，プリンターにつないで印刷してください。表紙を含めたすべての PDF ファイルを印刷して製本すれば，作品集をつくることもできます。

冊子のような形で作品集にしたい場合は，スライドのサイズを縦長サイズに設定しておくとよいでしょう。サイズ変更は，［ファイル］→［ページ設定］→［カスタム］と進み，縦横の長さを18.2cm×25.7cm（B5）や21.0cm×29.7cm（A4）などにします。ただし，ページサイズをカスタムにすると，データ探索は使えません。（2021年9月現在）

スライドを使うと，ページごとにまとまりのある文章表現をレイアウトすることができるので，煩雑な編集作業をすることなく作品集を作ることができます。

（野中　潤）

中高なら，写真でしか表現できないことは何か，文章だからこそ表現できることは何なのか考えさせたいです。この学習活動が，推薦文，鑑賞文，批評文の学習とつながっていきます。

スライドで
単元の土台づくりをし，
場面のあらすじを
まとめよう

#小学校　#読むこと
#まいごのかぎ

1　授業の概要

　スライドを使って，物語のあらすじを場面ごとにまとめます。共同編集の設定をして，グループで協働的に作業を進めていきます。また，別のグループのスライドにもアクセスできるようにしておくことで，学びをグループから全体に広げていくことができます。完成したあらすじが土台となって，その後の単元の学びが展開されていきます。

2　場面分け，あらすじとスライド

　物語教材の授業において，場面を分ける，あらすじを書くといった学習は，たびたび行われます。この学習活動の目的は，「物語の内容の大体を捉える」というところにあります。物語を一読した子どもは，内容を把握した「つもり」になります。しかしながら，実際のところは，ある部分を読み飛ばしていたり，いくつかの誤解が生じたりしています。そのまま解釈を交流するような学習活動を行うと，子どもたちの考えは噛み合いません。そこで，場面を分けたりあらすじをまとめたりする学習活動を通して，内容を確かめ共通

の土台をつくるのです。そこに，スライドのデザインが大変有効に働きます。スライド1枚を1つの場面と見立てて挿絵を配置することで，物語の展開を見えやすくすることができます。さらに，場面ごとのあらすじを共同編集していくことで，協働的に，多様な視点から内容を確かめることを促します。また，作成したスライドはクラウドに保存されるので，その後も端末を開けばいつでも確認することができます。

3　スライドの配信

　子どもの実態に応じて，教師がある程度，スライドを編集してから配信します。例えば，次のように系統性を捉えることができます。

低学年	すべてのスライドに挿絵を配置して，あらかじめ場面を示す
中学年	一部のスライドに挿絵を配置し，使うスライドの枚数を示す。
高学年	使うスライドの枚数のみを示す。

　子どもの実態によっては，教師が全く編集しないで場面分けをさせることも考えられますが，単元の土台づくりの活動であると捉えると，ある程度の枠組みを示すことがふさわしいと思います。

　次ページの画像は，小学3年「まいごのかぎ」（光村図書）の実践です。中学年なので，初めの場面，最後の場面にのみ挿絵を挿入して配信します。この物語は，展開が繰り返し構造になっているため，挿絵を挿入していないスライドにあたる場面も，比較的捉えやすくなっています。子どもは，挿絵の挿入していないスライドに，どの挿絵を挿入すべきか

話し合うことを通して，場面を捉えていきます。

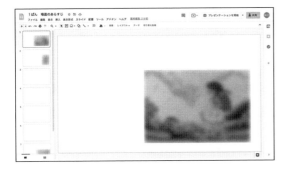

4 あらすじを共同編集

すべてのスライドに挿絵を挿入し終えたグループから，スライドごとにその場面のあらすじをまとめていきます。あらすじは，「誰が・どんなだ／何をした」を基本として，1文〜2文でまとめるように促します。子どもは，スライドごとに分担してあらすじをまとめていこうとします。一見すると個別の作業に思えますが，完成した段階でスライドを1枚目から続けて読んでいくと，整合しない箇所が生まれてきます。

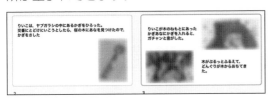

画像は，2枚目のスライド（2場面）と3枚目のスライド（3場面）です。それぞれ，次のようにあらすじがまとめられています。

【2場面】りいこはヤブガラシの中にあるかぎをひろった。交番にとどけにいこうとしたら，桜の木にあなを見つけたので，かぎをさした。

【3場面】りいこが木のねもとにあったかぎあなにかぎを入れると，ガチャンと音がした。木がぶるっとふるえて，どんぐりが木から落ちてきた。

ここでは，「りいこがかぎを入れる」という情報が重複していることがわかります。このような整合しない箇所を見いだした時が，協働的に学ぶチャンスになります。子どもたちは，教材文を確かめながら対話し，場面のあらすじを修正していきます。場面ごとのあらすじの内容に飛躍があった場合も，同じような協働的な学びが生まれていきます。

整合しない箇所がなかったグループには，他のグループを見るよう促して，よりよく修正するきっかけが生まれるよう支援します。

5 その後の学び

作成したスライドは，その後も確認する機会を設けます。例えば，次時の授業の導入で，「2場面では何が起きたのか」などと問うて，スライドの確認を促すのです。そうすることで，捉えたあらすじが共通の土台となって，その後の学びを充実させることができます。例えば，山場場面の中心人物の心情について，解釈を交流するような学習活動では，そこに至るまでの展開を捉えていることが重要になります。このような時，山場場面を越えてさまざまな場面に着目して対話する姿が表れることが期待できます。

（中野裕己）

高校生が『羅生門』を読む場合，4場面や6場面等に意見が分かれることを期待して，あえて生徒たちに考えさせることもできます。

発表資料だけからの脱却を図り，心を動かすプレゼンテーションをしよう

小学校　# 話すこと・聞くこと
探究　# 教科書横断　#SDGs

1　授業の概要

　教科横断的な課題として位置付けた，「2030年の未来社会の予測」をプレゼンテーションする小学6年の実践です。プレゼンテーションの資料として使うことの多いGoogle スライドですが以下のような課題が見られるのではないでしょうか。

○話すためのスライドなのに字ばかりの読むスライド
○端末の画面ばかり見て話す子ども
○スライドづくりに奔走し肝心の話し方が身に付いていない学習

　これらの指導上の課題解決のために，プレゼンテーションの学習の本質に根ざしたGoogle スライドの基本的活用と各種ツールと関連付けた事例を示します。

2　"あこがれモデル"を動画で視聴

　本単元は，無料で動画配信されている素晴らしいプレゼンターが揃う TED をモデルとして教材化しました。教師がおすすめのものを全体で視聴し，「何が素晴らしいのか」「自分の話し方に何を取り入れたいか」を話し合いました。そこで出てきた考えをスライドに共有し，プレゼンテーションの学習の問いづくりをしました。

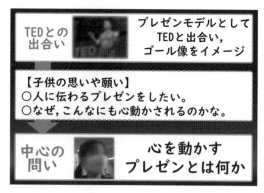

　さらに授業だけでなく，家庭でも視聴することができますので，一人ひとりのおススメ動画をスライドのコメント欄に URL で貼り付けさせました。お互いのおススメ動画を視聴し，あこがれとなるプレゼンテーションのモデルに浸らせることを大切にしました。

3　スライドを時短で効果的に作成

　本単元のように教科横断的な学習内容を駆使するプレゼンテーション課題の場合，他教科でつくったまとめのスライド資料を転用するなどし，国語科では，スライドの配列や1スライド1メッセージの原則に基づいてどのような話し方をするかに特化します。写真や

グラフなどの資料に，一文書き添える程度のスライドづくりが話すためのスライドとして有効です。以下のスライドは，子どもが作成した本単元のプレゼンテーション用スライドの1枚です。

4　ルーブリックをスライドで作成

　できあがったスライド資料を使って，毎時間プレゼンテーションの動画を撮影・蓄積していきました。この時，動画を見返す時の視点を明示することが大切です。子どもたちと話し合った上で，「発表構成」と「話し方」を視点にプレゼンテーション動画を振り返ることしました。

　さらに，その中での気づきを基にスライド上にルーブリックを作成しました。子どもたちは，「主張を話すときの抑揚」「間をとって聞き手を引き付ける」などの話し方を身につけることが課題でした。そこで，文章読み上げ機能による話し方とTEDスピーカーの話し方を比較しました。そこで得た聞き手を巻き込む話し方を基に，動画を蓄積し，ポイントを自覚させました。

5　プレゼンテーションを評価する

　蓄積した動画のbeforeとafterを比較して，Googleフォームのアンケートと記述で成長したことについて整理しました。アンケート結果は瞬時にグラフ化するので，話すことの技術の高まりを見える化する上で役立ちます。さらに，振り返りの記述については，スプレッドシートで整理しテキストマイニングで語彙分析しました。

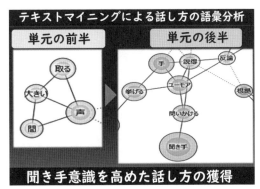

　動画蓄積や語彙分析によって，消えものである話し言葉の学習評価に新たな可能性が見えました。

　　　　　　　　　　　　　　　　（大村拓也）

> 🖐 スライド作成は他教科にゆだね，国語では話すことに絞った学習をするという連携。探究やSDGs等，中高でも応用可能な実践です。

文豪バトル：大好きに なった「つもり」で プレゼン対決をしよう

全校種　# 全領域　# ゲーム

1　授業の概要

　本校は実業高校ですので，進学指導はありません。週2時間の国語の授業では，古今の文学作品に触れる機会はほとんどありません。しかし日本人として生まれたからには，文豪の名前や足跡ぐらいは知っておいて欲しいものです。もしかしたら将来，ここで学んだことから，文学作品をひもとくかもしれません。そんな思いでこの授業を企画しました。生徒たちには，事前に作成した文豪リストから好きな作家を選ぶ，もしくは，シャッフルして誰に何が当たるかわからないようにする，ようにしました。自分の担当の文豪が決まったら，その作家を大好きになったつもりで調べあげ，スライドにまとめます。そして，トーナメント方式で1対1で「どちらが大好きかバトル」をしてもらうというものです。カードゲームの世界では，歴史上の人物や名刀などをカード化しそれらのカードを集めることによって，それぞれの登場人物に愛着が湧き，エピソードや人となりに興味を持ったりできるそうです（文豪のゲームもあるそうです）。子どもたちが夢中になって興味を持ってもらえるのなら，ゲーム形式が一番だと考えました。

2　授業の流れ

　この課題は，オンライン授業で実践しました。Google Classroom を使って課題を配信します。［授業］タブから［作成］→［課題］を選択します。以下のように指示を記入します。

タイトル　「文豪バトル」
課題の詳細
「世界と日本の有名な作家（文豪）の，紹介スライドを作成します。
あなたは，この文豪が大好きです。ポジティブな情報をインターネットで集めて Google スライドを作成（プロフィールやエピソード，代表作のあらすじなどを解説）します。プレゼン相手にこの文豪が大好きになってもらえるようなスライドを作成してください。

①スプレッドシート「世界の文豪」から割り当てられた文豪を確認
②スライド「文豪スライド作成」を確認
③作成例を参考にスライドを作成
④ Classroom からスライドを提出
⑤完成スライドの URL をスプレッドシート「世界の文豪」の所定の位置に貼り付ける
⑥完成したスライドを元に，Screencastify を使ってプレゼン動画を作成（3分程度）
⑦作成した動画を Google ドライブに保存し，URL をスプレッドシート「世界の文豪」の所定の位置に貼り付ける

　素晴らしい作品ができあがることを楽しみにしています。」

① Google スプレッドシート
「世界の文豪」
生徒にあらかじめ割り当てる

No.					スライドURL	説明動画URL
1	芥川龍之介(あくたがわりゅうのすけ)	3E	1			
2	安部公房(あべこうぼう)	3E	2			
3	有島武郎(ありしまたけお)	3E	3			
4	石川達三(いしかわたつぞう)	3E	4			
5	泉鏡花(いずみきょうか)	3E	5			
6	井伏鱒二(いぶせますじ)	3E	6			
7	江戸川乱歩(えどがわらんぽ)	3E	7			
8	尾崎紅葉(おざきこうよう)	3E	8			
9	織田作之助(おださくのすけ)	3E	9			
10	梶井基次郎(かじいもとじろう)	3E	10		https://docs.goo	https://drive.google
11	川端康成(かわばたやすなり)	3E	11			
12	菊池寛(きくちかん)	3E	12			
13	国木田独歩(くにきだどっぽ)	3E	13			
14	黒岩涙香(くろいわるいこう)	3E	14			
15	小泉八雲(こいずみやくも)	3E	15			
16	幸田露伴(こうだろはん)	3E	16			
17	小林多喜二(こばやしたきじ)	3E	17			
18	坂口安吾(さかぐちあんご)	3E	18			
19	佐藤春夫(さとうはるお)	3E	19			
20	里見弴(さとみとん)	3E	20		https://docs.goo	https://drive.google
21	志賀直哉(しがなおや)	3E	21		https://docs.goo	https://drive.goo
22	司馬遼太郎(しばりょうたろう)	3E	22			
23	島崎藤村(しまざきとうそん)	3E	23			

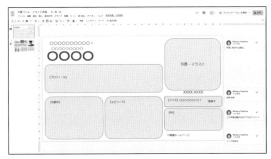

② Google スライド テンプレート
「文豪スライド作成」

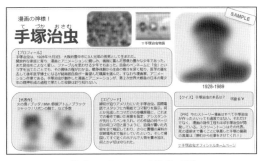

③ Google スライド 作成例
「文豪スライド作成」

Screencastify で動画を作成したのは、発表の練習と、動画撮影の方法を学び練習してもらうためです。また、振り返りの教材にもなり、ポートフォリオなどにも掲載することができます。

課題の作成が終了したら、いよいよバトル開始です。対戦表は、無料トーナメント表作成 Web ツールの「THE TOUNAMENT」(NOT SO BAD, LLC.）を使います。THE TOURNAMENT（ザ・トーナメント）は、シンプルな操作で直感的に使える、トーナメント表作成サービスです。

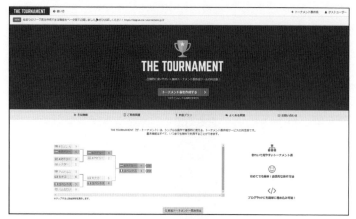

THE TOURNAMENT
（ザ・トーナメント）
見やすく直感的に操作できる

対戦表ごとに閲覧できる

バトルは，Google Meet を使います。先攻後攻をジャンケンで決めてスタートです。1人のバトルタイムは3分。3分のタイマーを YouTube で映し出しておきます。合図に合わせて交互に発表します。終了後，Google Meet のアンケート機能（Poll ※有償版のみ）を使って集計します。これは，Google フォームでもかまいません。

3　最後に

いつも心掛けていることは，生徒もそして職員も楽しむということです。国語の授業なら，国語の世界に引き込みつつ楽しみを創り出す，そんなふうな授業ができたらと思っています。今の段階では，文学史に興味がなくとも，心に少しでも，肯定的な引っかかりを

アンケートで勝敗を決定

トーナメント表

勝敗が決まったら，トーナメント表に結果を反映させていきます。

対戦ごとに記録することができます。この画面で進めていくと，対戦順も確認しやすいので便利です。また，URL で共有できますので，生徒は手元で結果を確認しながら対戦や応援ができます。

作ることができれば，成功かなと思っています。様々なテクノロジーを駆使しながら，自宅で学習していても協働作業と没入感を感じながら楽しく学べる環境の構築をめざしています。

(遠島　充)

(参考)
「THE TOURNAMENT」圧倒的に使いやすい，無料トーナメント表作成ツールの決定版！　Web ブラウザだけで簡単におしゃれなトーナメント表を作成できます。ベータ版ですが，総当たりのリーグ戦なども作成できます。公開 URL で共有できますので，運動会やクラスマッチなどでも活用できそうです。
https://the-tournament.jp/

キャッチコピーづくりを通して言葉の力を育もう

＃高等学校　＃書くこと
＃言語文化

1　授業の概要

「風景を『言葉』で彩る」というテーマでキャッチコピーづくりをしました。学校を取り巻く「森」に散歩に行って写真を撮り，そこふさわしい「言葉」を添える授業です。（Googleで「川越」「観光」と検索した人が「訪れたくなるようにする」ことを意識）

「万緑の候」を五感で味わうこと，自然と観応し「言葉」を紡ぎたくなる感覚を味わうことも目的とし，新教科である「言語文化」とのつながりも意識しました。

実践には，Google Classroom，Googleスライドを活用しています。

2　導入はYouTubeで

キャッチコピーづくりの導入にはYouTubeを活用しました。YouTubeには「キャッチコピーづくり」に関する動画が複数ありますので，生徒の実態に応じて，適切なものを使用するとよいでしょう。（ここで獲得した知識に関しては定期考査でも出題します。視聴履歴の中に別軸の情報を挿入することで生徒一人ひとりの「フィルターバブ

ル」を多様化させることができます。）

3　いざ「森」へ

当該授業の「核」は「風景を『言葉』で彩る」ことであり，まずは，自然を全身で感じ，美しいと感じた「景」を選び取ることが重要です。一人ひとりが何を「美しい」と感じるか，互いに話し合いながら撮影するよう声掛けを行いました。また，撮影技術や画像編集技術は今後の社会でますます重要になってくると同時に，我々大人世代よりもずっとずっと，彼らにアドバンテージがあるスキルですので，そこは一層尖らせてあげたい。ですから，技術のある生徒に対しては積極的に「先生役」になってもらうことも意識した点です。実際，画像にテキストを挿入する手段のわからない生徒も多数いましたが，全員がその技術を短時間で獲得することができました。

4 Classroom にて提出と同時に, Google スライドに編集し鑑賞

　生徒の作品は Google Classroom に提出。授業ではグループでスライドを共同編集し, 相互に鑑賞しました。グループ内で一番評価の高かったものをピックアップし, 全クラスで鑑賞会を行いました。

　新教科である「言語文化」では「古典」に触れる時間が大幅に減ってしまうことへの懸念が指摘されていますが, 最新のテクノロジーを用いる実践の中でも, その都度触れていき, 言語文化の担い手を育てていけるようにしたいものです。

5 ICT ×「言葉の力」で地域貢献

　日々の授業においては「社会に開かれた教育」「地域貢献意欲の涵養」といったものも意識しています。

　今回の実践においては, 鑑賞のなかで高く評価された生徒の作品をまとめた Google スライドの URL は, 埼玉県川越市の公園整備課にシェアし, 可能であれば, なんらかのプロモーション等に使っていただけるよう打診しています。

　生徒一人ひとりの「言葉の力」が地域経済に貢献できるような機会づくりを日々の授業の中でも模索しているのですが, ICT を用いることにより, その可能性は大きく飛躍していると感じています。

（上田祥子）

　完成したスライドでプレゼンテーションする様子をスクリーンキャプチャーなどで録画し, 動画として共有・公開することも可能です。

登場人物像を生かした故事成語のアナザーストーリーをつくろう

＃高等学校　＃読むこと
＃臥薪嘗胆

1 授業の概要　アナザーストーリー・故事成語の作成

　漢文教材「臥薪嘗胆」（『新探求国語総合古典編』桐原書店）を学習した後，読み取ったそれぞれの登場人物像を生かしたアナザーストーリーと，それに基づいた故事成語を作成させました。

　まず，作品中の登場人物とその人物像・根拠をグループごとに確認します。そして登場人物や中心人物を考えながら，本文とは全く別のストーリーを作成し（アナザーストーリー），発表用のスライド・原稿を作ります。最後に，作成したアナザーストーリーと，アナザーストーリーから生まれた故事成語をクラス全体で発表します。従来なら紙芝居で発表していましたが，スライドで作ったデータをドライブで共有し，プロジェクターで映しながら発表しました。

　漢文のみでなく，古文や現代文の小説・物語など登場人物像を生かして容易にできる実践ではないでしょうか。

2 生徒の作品

1 作成したアナザーストーリー

　子胥（王からの信頼があつく忠実）は闔廬の命令に忠実に伯嚭（賄賂を受け取り陰謀を企てる）の歓迎会を開こうとするが，「餃子といえば水餃子」と考える伯嚭は，歓迎会の焼餃子に怒り出て行ってしまう。その時に伯嚭は越王勾践から賄賂を受け取っており，この歓迎会での餃子事件が，後に呉王夫差が勾践を会稽の地で許し，伯嚭の嘘の進言を信じて子胥を殺し国を滅亡させたという「臥薪嘗胆」本文の裏話となっている。

［作成した故事成語］

「水焼起恨（すいしょうきこん）」

［意味］ ほんの些細なきっかけだと思っていたことが，国を揺るがすほど大きな出来事の発端となること。

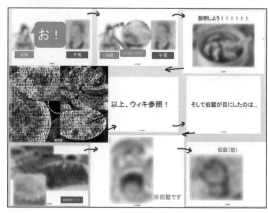

②作成したアナザーストーリー

　トマトは食用ではなく観賞用植物だと信じている范蠡（越王勾践のブレーンとして夫差の講和嘆願にも応じなかったことから「こうすべきだ！」と決めたら譲らない）は，家族に決してトマトを食べさせることなく，そのおかげで蔓延した病気にかかることもなかった。病蔓延の理由をトマトだと明かしたことから多くの褒美を得，一家は豊かな暮らしを手に入れた。

[作成した故事成語]

　「范蠡蕃茄（はんれいがばんか）」

[意味]　頑固なこだわりも，福をもたらすことがあること。

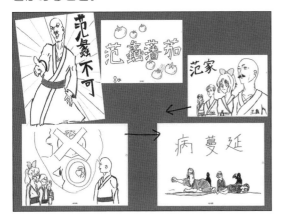

3　授業を終えて

　①の作品は「臥薪嘗胆」本文のサイドストーリーとも言える作品になっていました。②は手描きの紙芝居をスキャンし，データとして読み込み発表したものです。いずれも故事成語まで作成させることで，作中の人物像に迫るのみならず，故事成語そのものの理解にもつながりました。

　この実践では紙芝居形式での発表でしたが，作成したアナザーストーリーを動画にする，Google Earth™ を使って表現するなどもおもしろいかもしれません。手描きの紙芝居にスライド・映像……さまざまな方法で生徒たちが表現を楽しむことが，次の表現への意欲を高めることにもなります。また，本文の人物像にどれだけ近づけてストーリーを作成できたかをはかるには，「もしもこの時〇〇がいたら」というように，場面設定をした上でのストーリー作成も有効です。　（岡本　歩）

　　小学校でもこの実践のような単元終末の「考えの形成」において，スライドは有効なツールになると思います。

和歌と漢詩の四季調べを通して伝統的な言語文化の季節感を分析しよう

\# 高等学校　\# 書くこと
\# 主体的に学習に取り組む態度

1　Google スライドで作品を割り当て

　Google スライドのファイルをクラスやグループで共有して協働で調べ学習をした上で，プレゼンテーション動画をつくる学習活動です。ここで紹介する事例では，春夏秋冬の四季それぞれについて，和歌2首と漢詩2編ずつ合計16編の韻文をスライドに配置しています。

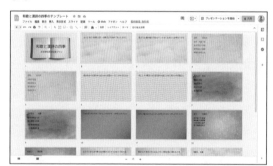

　スライドの割り当ては，生徒の状況に応じて，個人にしてもいいですし，グループにしてもかまいません。また，担当するスライドの枚数についても，1枚，2枚，4枚など，生徒の実態や授業の目的に応じて選択してください。たとえば，和歌にするか漢詩にするか，季節はどれにするかなど，担当するテーマを絞らせることで学習の深まりを期待する

こともできます。
　生徒が自分で選ぶという過程を重視するのであれば，以下のような課題を出す方法もあります。

【課題】
　担当する季節とジャンルを決め，図書館やインターネットで作品を調べ，2編以上を取り上げ，スライドで詳しく紹介しましょう。

　もちろん，教師があらかじめ選んだ作品をスライドに提示しておいてもかまいません。教科書に採録してあるものに加え，国語便覧などの副教材などから選べば，現代語訳や語釈などの基本的な情報については，すぐに確認できるので，取り組みやすいでしょう。たとえば，春の和歌であれば，以下のような作品を配置します。

●和歌
　　もろともに　あはれと思へ　山桜
　　花よりほかに　知る人もなし

　　　　　　　　　　　　　　前大僧正行尊
　　願はくは花の下にて春死なむ
　　その如月の望月のころ

　　　　　　　　　　　　　　　西行法師

　春の漢詩であれば，以下のようなものがあげられます。

●漢詩
　　春夜　　　　蘇東坡
　　春宵一刻値千金
　　花有清香月有陰

【主題】

修行のために入った深山での山桜に呼びかける孤独感

【歌意】

私がお前に親しみを感じるように、お前も一緒に私のことを懐かしく思っておくれ。山桜よ。お前以外に私の心を本当に知ってくれるものはいないのだから。

「小倉百人一首の全首を見る - Poets Search -」による

【考察】

「金葉集」に収められていて、詞書に「大峯にて思ひかけずさくらの花をみてよめる 僧正行尊」とあります。桜が咲いているのは予想外のことだったということで、春という季節の中での時間のずれが作者の感動につながっているところに注目することができます。

もうとっくに散っている筈の晩春に見事な桜に出会ったという驚きと感動は、「散りのこる岸の山桜春ふかみこの一枝をあはれといはなむ」という源実朝の歌と同じように、春の深まりの中で季節の移ろいを惜しむ気持ちが表れていると考えました。

もろともにあはれと思へ山桜
花よりほかに知る人もなし
前大僧正行尊

歌管楼台声細細
鞦韆院落夜沈沈

春暁　　孟浩然
春眠不覚暁
処処聞啼鳥
夜来風雨声
花落知多少

2 クラウド共有で調べて学ぶ

有名な作品であればあるほど，調べ学習をした時に得られる情報量が増えますから，基本的な理解を踏まえながら，さまざまな解釈に触れ，見えている言葉の背後にある意味の広がりや豊かさを発見していくことができるはずです。

調べて得られる情報には，現代語訳や文法事項，単語の意味，修辞法，時代背景，作者についてなどがあり，漢詩の場合には，これらに加えて書き下し文，形式などの要素が加わります。多くの項目をどのように並べて説明するのかについては，生徒たちに考えさせることになりますが，ファイルを共有しているので，他の生徒やグループがどのような項目について説明しているのかについては，いつでも参照可能です。他のスライドを見て，なるほど作者について調べて書くとわかりやすくなると思えば，他の生徒やグループのやり方を真似して，自分のスライドを改善していくことができます。こうした部分では，真似をしながら学ぶことでスピードアップをはかることができれば，そのぶん，和歌や漢詩の特色を捉えるための独自の切り口を見つける時間や，調べたことをもとにして思考を深める活動をするための時間を生み出すことができます。ただし，インターネットなどで調べたことを使う場合は，レポート作成などの場合と同様に，注記したり，参照元をリンクで示したりする必要がありますので，生徒たちが慣れていない場合は，きめ細かい指導や支援が必要です。

3 ツール活用のアイデアも共有

画像を挿入したり，背景を変えたりすることについては，生徒たちの創意工夫にゆだねて，自由にスライドをつくらせたいところです。新しいことに積極的にチャレンジできる安心と安全があれば，次々にアイデアが生まれ，失敗も成功も学びの糧になります。たとえば，Google スライドは縦書きに対応していませんから，和歌も漢詩も横書きで提示することになります。縦書きにこだわるのであれば，和歌や漢詩については，画像としてスライドに挿入してもよいでしょうし，そういう工夫自体を生徒たちにゆだねてもよいので

す。最初のうちはシンプルな使い方で十分ですが，ツールに慣れていくにしたがい，生徒たちからはさまざまな創意工夫が出てきます。一部の生徒の独創的なアイデアだとしても，良いアイデアはすぐに模倣され，共有され，手持ちカードの1つになっていきます。大げさに言えば，文化や文明が進化してきたプロセスと同じことが，Google スライド上で起こるのです。

4　知識・技能から思考・判断・表現へ

　担当する季節を決め，複数の作品を調べてまとめ，1つのファイルで共有されている状態が実現したら，比較して分析する学習活動へと展開させることができます。

　自分や自分のグループで調べた複数の作品を比較するという方法が基本的な枠組みですが，ファイルが共有されているという状況を生かすのであれば，他の生徒やグループがまとめたスライドを必要に応じて参照しながら比較分析することもできます。春の和歌について調べたグループが，春の漢詩について調べたグループのスライドを活用して，和歌における季節感と漢詩における季節感の共通点や相違点をまとめたり，夏の和歌について調べたグループが，同じ修辞法が使われている別の季節の和歌を取り上げて分析や考察を加えたりするなどの活動が考えられます。その際には，思考ツールなどを使うように促し，スライドからポイントを抽出しながら話し合い，思考を深めていくという学習過程に導くことができます。たとえば，共通点や相違点をまとめるのであれば，スライドの背景にベ

ン図を使い，ポイントをテキストボックスで書き出して整理するという方法が可能です。

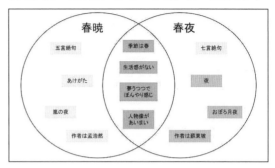

　このようにして，共有したファイルで協働で学び合い，気づいたことをスライドに付け加え，思考の深まりを促しながらプレゼンテーションへとつなげていきます。和歌や漢詩についてまとめたスライドや，共通点や相違点をまとめたベン図などの思考ツールが描かれたスライドを使ってそのままプレゼンテーションをすることができます。もちろん，考えたことをあらためて別のスライドにまとめ直してもかまいません。ワークシートとしてのスライドをプレゼンテーション用にそのまま使うという学習活動です。

5　プレゼンテーションを動画で共有

　スライドを使ってプレゼンテーションをする場合，30人規模のクラスで行うためには，それ相応の時間が必要です。また，グループ発表をするとしても，満足できる発表ができず，中途半端な形で終わってしまう生徒がいたり，発表当日に休んでしまう生徒がいたりして，体験することによる学びの実りを十分に手に入れることができない場合があります。そこで有効なのが，対面での発表をリハーサル的なものに位置づけ，最終的なプレゼンテ

ーションを動画づくりというアウトプットの中で実行させるという授業デザインです。Chromebookならスクリーンキャプチャ機能を使って，画面共有しながら発表するところをそのまま動画ファイルにすることができます。無料で使う場合，5分間の時間制限がかかることになりますが，Screencastifyなどの画面録画用のアプリケーションを用い，画面録画をする方法もあります。

　プレゼンテーション動画を作ることができれば，生徒たちが考えたことをクラスを超えて共有することも可能になります。Google Classroomに提出されたプレゼンテーション動画であれば，動画が自動的に収納されているフォルダ（[Classroom]というフォルダの中に課題名のフォルダが自動的に作られています）をそのまま共有するだけです。必要に応じて，クラスを越えて共有することもできます。同じ課題に取り組んだ同学年の仲間がどんなことを考えて，それをプレゼンテーションに結実させたのかを視聴することができるのです。もちろん，YouTube動画として共有したり公開したりすることも可能です。

　その気になれば，知識・技能から思考・判断・表現へと展開し，社会に向けて発信するというところまでワンストップで実現することが可能なのです。そういうデザインの中に置かれた時，粘り強く自己調整しながらゴールを目指す，「主体的に学習に取り組む態度」が自ずと醸成されていくはずなのです。

（野中　潤）

COLUMN

YouTubeと文学

　「学校システムを告訴する」（2016）というYouTube動画があります。たった6分の短い動画ですが，たまたま視聴したベテラン教員が，深夜ひとり部屋で号泣したという逸話が伝えられているぐらいインパクトのある作品です。出前授業などの際，私はこの動画を彼らのスマホで視聴させるところから授業を始めますが，ねらいは主として2つあります。

　1つ目は「これも文学ではないか」と問いかけて彼らの常識をゆさぶることです。書物に印刷された文字を黙読するのが「文学」だと思い込んでしまいがちですが，文字がなかった時代や紙が貴重品だった時代の文学は，「声」によって人びとの心を震わせるものでした。Prince Eaという人物が語る言葉は，そういう意味では文学の原初的な姿に近いのです。

　もう1つは，彼らのスマホに望ましいYouTube動画の履歴を残すことです。教室で半ば強制的に動画を視聴させる権利があるのですから，行使しない手はありません。放課後YouTubeを視聴しようとすれば，そこにはきっとPrince Eaの作品がおすすめ動画として表示されるはずです。授業を通して彼らのYouTubeの視聴習慣に影響を与えることができるのです。

　日々数十億回の教育系YouTube動画が視聴されている時代だと言われています。YouTubeを敵視せず，むしろこちらに引き込んで味方にする戦略も必要ではないでしょうか。

（野中　潤）

誰でも簡単につくれる
絶対おススメの万能ポートフォリオ・ツール

■全部入り！が可能な Google サイト

　Google サイトは，Google が提供しているクラウドで管理できる Web サイト作成ツールです。Google サイトを利用すれば，誰でも簡単に Web サイトを構築することができます。HTML や CSS などプログラミングの知識やサーバーの準備などが必要ありません。しかも無料で作れて維持費もかかりません。レスポンシブ対応でスマホやタブレットからでも見やすいです。いまは Web サイトを見る機会はスマホが多いと思いますが，一昔前までは PC で見るのが当然でした。PC 用に作られたサイトは，スマホで見ると文字や画像が小さく大変見づらいものでした。それは，PC なのかスマホなのか，Web サイトを利用する機器によってディスプレイの大きさが変わるために起こる現象でした。スマホやタブレットでストレスなく見るためには，どんな画面サイズでもわかりやすい画面表示が必要です。このように PC でもスマホでもタブレットでも自動的に切り替えられたら便利ですよね。このように自動的に切り替えてくれる手法を，レスポンシブ Web デザインといいます。

　また，Google らしく，他のユーザーと共有して，共同編集もできますので，グループで共同管理ができて非常に楽です。生徒会やクラス，部活動などのホームページを児童生徒同士で一緒につくることもできます。当然かもしれませんが，他の Google アプリとの親和性が高いので，スケジュールの共有（Google カレンダーの埋め込み）・地図（Google Maps）・

Google フォーム・YouTube 動画などのコンテンツをクリック1つでスムーズに連携させることが可能です。

　Google Workspace では，組織で閲覧権限を設定できますので，校内の発表などでも重宝します。Google アプリの中で最も他の Google アプリのデータを取り込むことができるので，生徒のさまざまな作品や先生が公開し

授業用サイトの例

たいデータを同じサイトの中に取り込むことができ，生徒のポートフォリオ作成や，授業の材料をすべて入れたポータルサイト作成，保護者向けの学校・クラス・部活動・授業などの紹介サイトなども作れます。まさに全部入り！　の最強アプリなのです！

■ここに注意！Google サイトのデメリット

こんなに魅力たっぷりの Google サイトですが，作成するには少し注意が必要です。初めにどのようなサイトを作るかを決めてから，利用するか決めると良いでしょう。

まず，Google サイトはパソコン，スマートフォン，タブレットで表示できますが，サイトを編集する場合はパソコンを使用する必要があります。そして，使う Web ブラウザには制限があります。タブレットやスマートフォンでは，Google サイトの制作・編集ができないのです。もちろん Google Chrome ブラウザを使えば問題ありません。また，美しいテンプレートは用意されていますが数は決して多くはありません。さらに，細かなデザインの変更ができず，レイアウトの自由度はあまり高くありません。Google サイトを使ったからといって，SEO 対策（Search Engine Optimization：検索結果でサイトを多く露出をするために行う対策のこと）で有利になるということもありません。これは現時点でのデメリットですが，クラウドアプリの良いところはユーザー本位にできなかった機能がいつの間にかアップデートされてできるようになるかもしれない点です。例えば，以前は，独自ドメイン（カスタムドメイン）を使う事ができませんでしたが，現在ではできるようになりました。いまは，共同作業中，ドキュメントのように互いにコメントをつけることができません，しかし現在開発中でいずれアップデートされてできるようになるそうです。このように Google アプリは日々ユーザーの意見を取り入れ，どんどん便利になっていくのです。複雑なサイトを作成したいユーザーにはあまりおススメできませんが，そのかわり，操作が簡単で Google アカウントさえあれば誰でも簡単に美しい高機能なサイトを作ることができるのはやはり魅力的です。教育利用では簡にして要を得たすばらしいアプリだと思います。

（遠島　充）

「説明文の部屋」で学びを振り返ろう&確かめよう

小学校　# 全領域

1　授業の概要

　サイトを使って，中学年の説明文の学びを振り返ったり確かめたりします。サイトには，前単元までの授業の概要，学習内容を確かめるためのチェックテストが配置されています。前単元までの授業の概要を確かめた後，チェックテストに取り組みます。チェックテストはフォームで作成されており繰り返し取り組むことができます。また，チェックテストの回答を出力したスプレッドシートにもアクセスできるようにしておくことで，他者の回答を参考に，再度チェックテストに取り組むこともできます。このように既習の学びを確かめることで，学びを新たな教材に適用することを促します。

2　サイトの構成

　サイトは，説明文の単元を終えるごとに教師が作成して，年間を通して学びを蓄積していきます。前単元までの授業の概要，チェックテスト，チェックテストの回答といった構成で作成します。

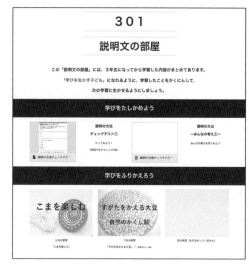

サイトのトップページ

3　説明文の学びを振り返る

　単元ごとにページを作成します。ページは，前単元の授業の板書，学習内容で構成されています。

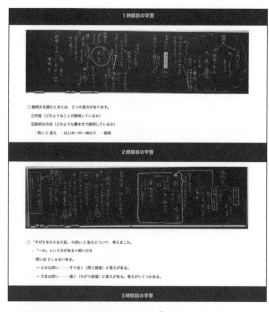

　説明文で多く見られる「問い―答え」といった書かれ方については，「小さな問い…答えがすぐ近くに書かれている」，「大きな問い

…答えが次の段落以降にくわしく書かれている」のように，教材に依存しない形でまとめられています。このような学習内容が，前単元の板書とともにまとめられているため，前単元の学びを想起しながら，説明文を読み解く上での汎用的な知識を振り返ることができます。

4　説明文の学びを確かめるチェックテスト

学びを振り返った後には，トップページに配置されているチェックテストに取り組みます。チェックテストはフォームで作成されており，前単元までに学んだ，説明文を読み解く上での汎用的な知識を確かめることができる内容になっています。

説明の方法チェックテスト①

分からなくなったら，301「説明文の部屋」で7月の学習のページを見てみましょう！
分からない問題には，「分からない」と書いてもよいです。
答え終わったら，みんなの考えも見てみましょう！

*必須

名前 *

回答を入力

このチェックテストは，何回目ですか？ *

○ 1回目

○ 2回目

○ 3回目

○ 4回目以上

① 初め一中一終わりの「初め」には，どのようなことが書かれていますか？ *

回答を入力

② 小さい問いと大きい問いのちがいは，どのようなところですか？

例えば，「小さな問いと大きな問いの違いはどのようなところですか」などといった問題があります。子どもは必要に応じてサイトの「前単元までの授業の概要」を見返しなが

ら，問題に回答していきます。なお，このチェックテストは記述での回答となるので，自動採点機能は活用しません。

5　説明文の学びを確かめる回答の共有

チェックテストに自動採点機能がないことで，子どもは他者の回答に関心をもちます。回答を出力したスプレッドシートはサイトに配置されているので，すぐに回答を共有することができます。

子どもは，自信がなかった問題について，他者の回答を確認していきます。場合によっては，どのような回答がふさわしいのか対話する姿や，サイトで再び前単元までの授業の概要を振り返る姿が表れてきます。

説明文の単元は，年間に3つ程度しかありません。学びをサイトに蓄積しておくことで，単元と単元，学びと学びをしっかりとつなげることができます。　　　　　　　　（中野裕己）

高校生なら，生徒一人ひとりがサイトを使って学んだことを整理して共有＝公開するポートフォリオづくりも可能です。

デジタルコンテンツを一元化してシェアしよう

\# 高等学校

1　デジタルコンテンツをまとめる場

2020年の4月，5月。コロナ禍で試行錯誤のオンライン授業が始まりました。あれこれとデジタルコンテンツを作っては，生徒に配信する毎日。Classroom での配信にも慣れ，記事ごとにインデックスを作成して，まとまりよくしたものの，雑然とした様子は否めません。そこで，教材のデジタルコンテンツを一元化できないか，と考えたところ，サイトを活用することを思いついたのです。

ドライブから［新規作成］を選ぶと，［Google サイト］という項目が選べます。ここでサイトの TOP ページを作成し，授業ごとにどんどんページを追加していって，すでに作成したデジタルコンテンツに次々とリンクを貼っていけばサイトが完成します。

コロナで臨時休校となった4月，5月の授業だけですが，当時作成したサイトの構成は，以下の通りです。

■ホーム
■高校1年古典
　▶歴史的仮名遣い　▶漢文入門　▶文語文法　動詞の活用

■高校2年現代文
　▶山月記
■高校3年古典
　▶大鏡　花山天皇の出家　▶史記　四面楚歌　▶枕草子　宮に初めて参りたるころ　▶文語　文法解説

左上にサイトのタイトル，右上にメニューがあり，メニューから各ページにリンクが貼られています。またサイトのホーム画面にも学年ごとのページに移動できるようリンクを貼りました。

今回のサイトデザインは自分でカスタマイズしましたが，すでに数種類テンプレートが用意されています。またページのレイアウトもセットメニューのようなものが用意されているのです。図のように，＋をクリックしてドライブ内のコンテンツを選択すると，簡単にリンクを貼ることができます。また，フレームも付けてくれます。右上には，クリックすると新しい画面が開き，表示できるポップアップ機能も付けられています。

2　授業の流れが冊子のように

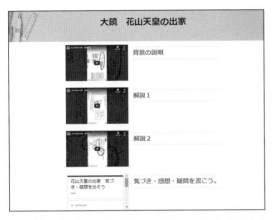

　高校３年古典の「花山天皇の出家」の場合，まず導入として授業者が作品の背景の説明をした動画を作成し，Youtube にアップして限定公開でリンクを貼っておいて生徒に見せておきました。上の図でいうと「背景の説明」のところにその動画がはめこまれています。その次の現代語訳の取り組みは Classroom でプリントを PDF で配信し，各自で取り組ませておきました。その後，授業者が解説動画をアップして答え合わせをするように指示しました。上の図でいう「解説１」「解説２」です。現代語訳ができたら，気づきや感想，疑問点をフォームで集めてシェアしました。そこで出た疑問や課題について答える課題を出し，また提出させ，その中で読みが深まるような答えをしている生徒の作品をシェアしました。最後にまとめのレポート課題を配信しドキュメントで提出させました。このプロセスをサイトで順番に並べると，冊子のように構成され，流れが構造的に捉えやすく，上から順番に見ていけば，再度学習を振り返ることもできるのです。

3　授業者自身の教材データの倉庫に

　サイトの簡便さは群を抜いていると感じます。デザインの自由度を下げて，使いやすさと作成スピードを重視した作りは，まさに忙しい現場で教材データをストックし，管理するのにぴったりです。

　手持ちの教材データは，PC のフォルダにフォルダ分けして入れられていますよね。PDF もあれば，Word，Excel，Power Point もあるでしょう。それをドライブにアップして，サイトで再構成し直せば，手持ちの教材データが系統別にも時系列にも並べられ，視覚的にも認識しやすくなります。またデータには右上にポップアップのリンクが貼られ，そこからリンクを切り取って，Classroom でそのままリンクを貼り付けて課題を配信する際に利用することもできます。

　将来的には，サイトを国語科の先生で共同編集し，教材をシェアし合い，お互いの学びの場となるような取り組みをしてみたいです。

（黒瀬直美）

> 　子どもにとっての，また教師にとっての「情報の基地」として，サイトが校種を問わず有効なツールとなり得ると感じました。

進化する学びの未来

直面しているのは，新しいテクノロジーとの出会いによる葛藤

　ここまで読み進めてきて，まだ頭にもやもやが浮かんできている方，いませんか？　「そうはいっても，今までだって良い授業は存在してきた。なぜあえて面倒な ICT に変える必要があるのか」「ICT をいれたら生徒がノートを書かなくなる。それでもいいのか」「これまで大切にしてきた○○が，かえってやりにくくなった」などなど。実は，ICT という新しいテクノロジーの導入は「これまでの授業をさらによくする」ということ以上のインパクトをもたらします。むしろ「これまでの授業」そのものを問い直し，変えていかざるを得ないことを，私たち教師に迫ります。第3章の実践をご覧になる前に，ICT 導入で直面するであろう代表的な「葛藤」状況について書き出してみます。読者の皆さんも一緒に考えてみてください。

① 「誰が書いたかわからない」〜「自他の境界がなくなる」葛藤〜

　1人1台端末環境で取り組まれる学習活動の大きな強みに「ネットワークを活用した全員参加の協同的な学び」が挙げられます。例えば，Jamboard などに共同で書き込む活動（共同編集）は，1人1台端末環境で最も頻繁に行われるようになった学習活動の1つです。

　この Jamboard などでの共同編集は「誰が書いたかわからない」という点に意味があります「誰が書いたか」ではなく，「どんな言葉が発せられたか」ということそのものに，学習者の意識が焦点化するからです。ただしデメリットもあります。どこまでを個の学びとするか捉えることが難しくなるのです。ネガティブに捉えれば，他者の成果を横取りする「ただ乗り」（フリーライダー）や，盗用，剽窃などの知的財産侵害の問題にもつながります。肯定的に捉えれば「個の学び」の境界が曖昧であるからこそ「共同思考」や「集合知」が促され「知の共有」の場と実践になると意味づけることもできます。

② 「教科書を教えなくていいのですか？」〜「教材の境界がなくなる」葛藤〜

　ICT を活用した学びは「教科書・黒板・ノート」というこれまで教室で不動の位置を示してきた教材教具の存在を揺さぶっていきます。1人1台の PC とネット環境が整ったことで，「教科書・黒板・ノート」以外のさまざまなメディア，教材が教室で飛び交っていきます。Web サイトの文章，YouTube などの動画，子ども自身が撮影した映像なども教材になりま

す。VR（仮想現実），AR（拡張現実）などもやがて取り入れられるようになるでしょう。文章だけでなく，映像などのマルチモーダル（複合的）なメディアは，生徒が情報を受容する手段としてだけでなく，学習成果を表現する手段としても活用されます。

　演じ，撮影し，効果音やテロップなどをつけて編集する，その活動は，どこまでが国語科の指導事項なのでしょう。教師の意図や学習指導要領を超えて，実際に生徒が学んでいることは何なのでしょう。これらを「国語の学習からはみ出している」と切って捨てることは簡単です。しかし「教科書」や既存の教科の枠組みではカバーしきれない，豊かな言葉の学びがそこで広がっているとは考えられないでしょうか。

　もう１つの問題は，Web サイトの利用です。教科書と比べ，これらの「教材」には信頼性や規範性が低いものがあります。教師が事前に教材研究できるものだけではなく，生徒がその場その場で検索し，出会うものが教材となっていくことも多いです。つまり「教材＝教科書」という固定的な教材観では対応できない学びが展開されていきます。そのときに「教科書を教えなくていいのですか」という問いにどう答えればよいでしょうか。さまざまなメディアが行き交う教室では，教科書はハブ（中継点）となっていきます。教科書を介して，紙，デジタル，そして他者が行き交い，出会っていく学習が生まれていきます。

③「なぜ学校に行かないといけないのですか？」～「教室の境界がなくなる」葛藤～

　つい数年前まではリモートやオンラインなどという言葉は一般的ではありませんでしたが，コロナ禍でリモートやオンライン学習という言葉が一気に普及することとなりました。このインパクトはコロナ禍後の「授業」や「教室」，「学校」の変革を迫るものでもあります。

　クラウドを介した学習では，授業で取り組むワークシートをそのまま家庭からアクセスして学習に取り組み，教師が指導することができます。つまり，学校外でもほとんど同じ環境で学習することができるようになります。ICT を利用すればするほど「学校」と「学校外」の壁は低くなるのです。そのときに「なぜオンラインでもできるのに，わざわざ学校に行って学ばないといけないんですか？」という問いに，私たち教師はどのように答えればよいのでしょうか。家庭でも，オンラインでも取り組むことが効果的なものは何か，教室で，フィジカルを通して学ぶべきものは何かということについて，今まで以上に検討していく必要が生まれます。

　ここで取り上げた「葛藤」以外にもさまざまなものがあるでしょう。ICT の導入は，はじめのうちは，これまでの教育手法の強化から進んでいくものの，やがては国語教育のあり方そのものを揺さぶり，問い直し，更新を促す契機となっていきます。「今までの国語の授業が，ICT によってこんなに効率的になった」という程度の，既存の枠組みに縛られた視点しか教師が持っていなければ，こうしたドラスティック（根本的）な変化の潮流を取りこぼすことになりかねません。第３章の実践をお読みいただき，その変化をともに感じ取ってください。

（渡辺　光輝）

ワークシートを
デジタル化し，
編集・共有を
スムーズにしよう

#小学校　#読むこと　#書くこと

1 説明的文章での学習指導

　本実践は，小学5年の読むことの指導での活用についてです。この単元では，文章の要旨を捉えて，自分の考えを発表することを最終的なゴールとしました。そして要旨を掴むためには，教材文全体の文章構造を捉え，教材文筆者の主張を読み取らなければなりません。

　そこで，今回の指導では，教材文の筆者の主張を捉えるために，教材文の筆者が述べている意見，正確に捉えていく学習活動を工夫したいと考えました。学級の児童の読解力はさまざまであるため，一人ひとりの考えを大事にしながらも，正確に文章構造を把握させる必要があります。

　次節から，構造把握学習活動について，具体的に述べていきます。

2 Google スライドを用いた「本論」の構造把握

　本論の構造把握は，Google スライドを用いて行いました。Google スライドを用いる良さは，児童が枠を自由に変更できること，そして，自分の考えを友達とすぐに共有できることが挙げられます。紙のワークシートは，書き込みがしやすいという利点がある一方で，児童の考えを固定化してしまうという問題もあります。児童の考えがまだ1つにまとまっていない段階であるため，まずは児童が自分の考えを自由表出できる活動が必要だと考えました。

　まず，教師が Google スライドを用いて枠を作成します。このとき，本論を2つに分けました。それは，最初の段階で，児童の考えに「2つに分けられる」が多数を占めていたからです。しかし，3つに分けられる，4つに分けられると考えている児童もいました。

　そして，この Google スライドを Classroom で共有します。1つのファイルに学級の児童数分の Google スライドを用意します。そして，児童はこのスライドを編集していきます。

　本論を2つに分けると考えた児童は，そのまま編集を行います。また，3つに分けられる，4つに分けられると考えた児童は，表をの枠を増やし，編集を始めます。こうすることで，枠に囚われることなく，自分の考えを整理していくことが可能です。

中はどこからどこまで？

③ 考えの共有と収斂

Google スライドを用いている良さとして，考えをすぐに共有できることが挙げられます。自分の考えをまとめていると，「どこからどこまでが 1 つのまとまりになるのだろう」「どんな内容で分けるといいのだろう」と困る児童がいます。もちろん，教師が個別に支援を行うことが大事です。しかし，児童自身で手掛かりとなる情報にアクセスし，解決していくことも大切です。そのような場面でGoogle スライドの良さが生きるのです。

それは編集している Google スライドは，即時変更がなされるので，誰が，どのような内容を記述しているかがすぐにわかるからです。教師はそれを確認し，進んでいる児童を積極的に取り上げ，他の児童に示します。そうすると，他の児童は，その児童の Google スライドを確認して参考にして学習を進めることができます。

また，児童にとっては，友達の考えを参考にしたり，自分の考えと友達の考えとを比較したりできます。また，気になったことや疑問に思ったことは，直接 ICT 端末を見せ合ったり，コメント機能を活用したりして交流できます。こうすることで，子どもたちは安心感をもって学習に取り組むことができます。

その後，子どもたちがまとめた Google スライドを基に，全体共有を行います。これは黒板とリアルの対話を用いた形式にしました。子どもたちは Google スライドにまとめた自分の考えを発表したり，気になった友達の考えを発言したりして，交流します。すると，分けた数は違うものの，分ける視点が共通していることに気付きます。「この友達の考えは筆者の主張と具体例を分けているんだ」「そうすると，主張と具体例でくっつけてもいいかもね」「じゃあ本論は2つくらいになりそうだね」などと子どもたちが自然と交流を始めました。

これは，自分の考えをまとめたものを，Google スライドに記述し，共有したことで，対話のための材料を揃えることができたから起きた学びだと捉えます。

ノートで考えをまとめただけでは，友達の考えを広く知ることができないため，対話をするためには教師の働きかけが重要です。しかし，Google スライドを用いて考えを整理する場を設定することで，教師の働きかけがなくても児童自身が自然と対話を始めることがわかりました。

④ Google ドキュメント™ を用いたキーワードの列挙

本単元の目標は，筆者の主張を捉え，要旨をまとめることです。前節までで述べたGoogle スライドの活用は，あくまで要旨をまとめるための準備です。

要旨をまとめる際は，文章の各部分を取り上げるのではなく，全体を通して筆者の考え

がどのように展開されているか正確に捉えることが大切です。そこで，今回はGoogleドキュメントを用いてワークシートを作成し，Classroomで配付することにしました。要旨をまとめる学習活動では，他者と共有する必要性は高くないと判断し，「各生徒にファイルのコピーを配付」することにしました。

そして，今回は，児童の考えが収斂する場面ではないので，枠は変更しないようにします。あらかじめ決められた枠の中に自分の考えを記述していきます。

学習活動は2段階にしました。第1段階では，文章で繰り返し用いられていたキーワードを抜き出す活動を行いました。第2段階では，それらのキーワードを基に，実際に要旨をまとめる活動を行いました。

ここでは，Googleスライドにまとめていた内容も参照しながら，キーワードを列挙しました。

5 Googleドキュメントに要旨をまとめる

キーワードの列挙が終わると，次はいよいよ要旨をまとめる活動です。あらかじめ用意されたGoogleドキュメントの枠の中に記述します。

今までにまとめてきたキーワードが事実に基づくものなのか，それとも筆者の主張に基づくものなのかなど，事実と感想，意見との関係を押さえ，文章全体の構成を捉えながらまとめられるようにしていきます。

従来のノートや印刷されたワークシートではなく，Googleドキュメントを活用する良さは，「容易に修正できること」「簡単に共有できること」の2つがあると考えています。

国語科に限らず，書く学習場面では，一見すると手書きの方が良いように思えます。しかし，大切なことは，一度書いたことを修正し，練り上げていくことです。小学5年段階では，文章の主語と述語がねじれていたり，キーワードを羅列的につなげただけで意味が通じにくくなったりしていることがあります。そのため，自分で自分が書いた文章を推敲し，表現が適切かどうか振り返る必要があります。要旨をまとめることは「読むこと」の領域ですが，「書くこと」の学習の観点も踏まえながら，単元を構成することが重要です。

次に「簡単に共有できること」です。Googleドキュメントは個別に配付していますが，教師は子どものファイルに適宜アクセスし，学習の進捗状況を把握することができます。途中で手が止まっている子どもがいたら個別に支援を行ったり，スムーズに進められている子どもがいたら，その子どもの記述のよさを取り上げ，他の子どもたちに紹介したりします。そうすることで，学級全体で学び合い，学習を深めることができます。

6 おわりに

　Google のツールのよさは，「共同編集」と「コメント機能」です。共同編集機能は，子ども同士が学びを共有し，深めていくためにとても有効な機能です。しかし，今回のような要旨をまとめる場面では，あえて共同編集機能は活用せず，一人ひとりにファイルを配付することもあります。Google のツールや学習活動により，共同編集機能を活用して学びを深めるのと，個人で学びを深めるものとを分けることが大切です。例えば，Google ドキュメントは1つのファイルを共同編集してしまうと，文字の大きさや行間などが変わり，子どもが集中して学習に取り組める環境を保障することはとても難しいです。また，Google スライドは，途中で誰かがまちがえて消してしまう可能性もあるので，一旦は別なツールで編集し，その後スクリーンショットを撮って貼り付けるということも有効だと考えます。

　コメント機能は，個別最適な学びと協働的な学びをつなぐとても有効な機能です。デジタル空間の中で子ども同士がやりとりできるので，疑問や考えたことを共有し，全体共有の場面に移る前に，考えの土台を整理することができます。

　まずは Google のツールでどのようなことができるか試し，そして学習内容に応じて必要なツールを，必要な機能を用いて活用していくことが大切です。　　　　（五十嵐健太）

COLUMN

閲覧可・編集可・コピー可！Google Classroom 活用のポイント

　Google ツールで作成した資料やワークシートは，Google Classroom を介して子どもへ配信することができます。ここでは，3つの配信形態を簡単に選択することができます。

①生徒はファイルを閲覧可能

　こちらを選ぶと，教師が作成したデータが「閲覧のみ」の形態で配信されます。「閲覧のみ」ですから，データに入力された内容を削除したり書き換えたりすることはできません。したがって，主に資料として配信する場合に適した形態です。

②生徒はファイルを編集可能

　こちらを選ぶと，教師が作成したデータが「共同編集可能」の形態で配信されます。つまり，すべての子どもが同じデータにアクセスし，入力された内容を削除したり書き換えたりすることができます。したがって，協働的に学習するプラットホームとしてワークシート等を配信する場合に適した形態です。

③各生徒にコピーを作成

　こちらを選ぶと，教師が作成したデータのコピーが，一人ひとりの子どもに配信されます。従来で言うと一人ひとりに印刷したワークシートを配付するようなイメージです。したがって，個の学習の材料として，ワークシート等を配信する場合に適した形態です。

（中野裕己）

U3S：超短いショート
ショートをつくろう

全校種　# 全領域

1　授業の概要

　私の勤務校は工業高校です。卒業すると全員が就職します。自分の経験から振り返ると，学生時代，「金は無くても暇」はあったので（!?），長短含めて100以上のアルバイトを経験しました。その時，つくづく苦労したのが年長の先輩方との会話です。休憩時間には，必ず会話が必要になります。はじめは恥ずかしいやら口下手やらでまったく喋れませんでした。陰気な奴だとずいぶん思われたと思います。場数を踏んでいく度に，持ちネタも増え，次第に話せるようになっていきました。アルバイトだったので，一生の付き合いというわけではありません。しかし，生徒たちは，（おそらく）一生の職場になる子が多いと思います。第一印象はとても大事で，一般企業で働く方々は，多くの場合，「この子はどんな子なんだろう」と教師のようには興味を持ってくれません。時間を取って，「改善してあげよう」などと思って下さる奇特な方はなかなかいらっしゃいません。今回の授業は，人付き合いをうまくするコツとして，少しニッチですが，会話を弾ませるための話し方をメインテーマとしています。

　「会話のコツ」と検索すると，Google で約46,270,000件，Amazon で約800件もヒットしました（2022年2月）。新入社員だけではなく，一般の方々も，日常の会話には苦労されている方が多いのですね。Panasonic の生みの親，松下幸之助は，晩年，私費を投じて設立した松下政経塾の入塾選考の最終試験の面接で，ある方が，選考基準はなんですかと尋ねたところ，「愛嬌」「運が強そうなこと」「後ろ姿」と答えたそうです。「運が強そうなこと」「後ろ姿」は別な訓練が必要だと思いますが，「愛嬌」は会話から生まれるものではないかと思います。生来の気質や育ってきた環境に大きく左右されると思いますが，ある程度は補強可能だと思います。

　経団連が実施している「新卒採用に関するアンケート調査結果」では，新卒採用の際に選考で重視する点として「コミュニケーション能力」が十数年連続で1位となっています。「コミュニケーション能力」は会話のスキルと言い換えても良いでしょう。社会の中で他者との関わりを持つために必要とされる能力であるソーシャルスキルの1つとされており，企業では大変重視されています。そこで，会話に慣れることと，ネタ作りのために，「超短いショートショートをつくろう」という授業を企画しました。

ショートショートとは，小説の中でも特に短い作品のことをいいます。星新一（代表作『ボッコちゃん（自選集）』など多数）が有名ですが，現在は田丸雅智氏が現代ショートショートの第一人者として活動されています。田丸氏は「ショートショートの書き方講座」を開催されています。それは「田丸式メソッド」と呼ばれ，講座のワークシートは公式サイトで無料公開されています。ショートショートと会話とは一見関係のないように思われるかもしれませんが，ショートショートを作る能力は，身の回りの日常から会話の着想を得るためのヒントになると思います。

今回は「田丸式メソッド」を簡略化し，テクノロジーを使ってオンラインで行うことを前提に設計しました。実際に文章を書くところまで行くと大変ですし，今回の目的は会話スキルの向上と，話材づくりですので，その方法論を体感することをゴールにしたいと考えました。オンライン授業での実践も想定して，Google Classroom をベースに，多くの Google ツールを活用していく事にします。

2 授業の流れ

まず初めに，Google Classroom を使って，作成指示を出します。［授業］タブから［作成］→［課題］を選択します。以下のように指示を記入します。

タイトル
「超短いショートショートを作ろう」

課題の詳細

友達や知り合いとの会話の中で，話題に困ったり，言葉に詰まったりしてしまうことはありませんか？ 今日の課題を学んで，ちょっとした話題を着想する技術を学びましょう！ 就職してから職場のみなさんとの会話の中できっと役に立ちますよ。

さて，「ショートショート」は小説の分類の一つで，短編小説の中でも特に短い作品のことをいいます。とても短い文章の中で，場を盛り上げ，職場のみなさんと仲良くなり，仕事がしやすくなると思います。

まず，はじめに，「会話のコツ」について，添付のスライドを見てください。なぜ会話が上達した方がよいのか，どのようなメリットがあるのか，どうすれば上達するのかをまとめました。

会話のメリット

次に，以下の動画を見てもらいます。短い動画ですが，不思議な話・感動する話・おもしろい話を選んでみました。

（動画のリンクを3つ提示する）

いよいよ，作成してみましょう。以下の手順に従って作成していきます。

①まず，自由に思いつく名詞10個を Google フォームで提出しましょう。

Google フォーム
「自由に思いつく名詞を10個」

②全員が提出し終わったら Google フォームの回答をまとめた<u>スプレッドシート</u>を共有します。

③みんなで出し合ったスプレッドシート内の案から好きな名詞を1つ選びます。

④選んだ名詞から発想する思いつくことばを10個，<u>Google フォーム</u>で提出しましょう。

Google フォーム
「選んだ名詞から発想する思いつくことばを10個」

⑤全員が提出し終わったのを確認したら，再度，スプレッドシートを共有します。

⑥名詞と思いつくことばからタイトルを作ります。

⑦Google フォームから，タイトルにした「それ」について特徴を3つ記入して提出します。

Google フォーム
「タイトルについての設問」

⑧3〜4人グループに分かれます。生年月日の一番早い人がファシリテータを務めます。ファシリテーターから，提出したタイトルの物語を2分以内で話します。

⑨自分が話す順番の時に，Screencastify を使って録画します。

⑩録画データを Google ドライブに保存し，リンクを Classroom から提出します。

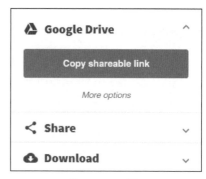

Screencastify
録画データを Google ドライブに保存し，
リンクを抽出する

3 最後に

人と会話を始める時，はじめは自己紹介などで話すフレーズで会話がはじまります。それが終わると，自分の引き出しの中を探すことになります。生徒たちは人の話を聞くことに慣れており，自分の引き出しにはあまり入っていません。同級生用の引き出しには，いろんな話が詰まっていますが，異年齢コミュニケーションのための引き出しにはおそらくスカスカな生徒が多いのではないかと思います。このトレーニングを重ねて，日頃からいろいろな事象に目を向ける習慣を獲得すれば，それは一生の財産になるでしょう。実はこの授業は，会話を成立させるためのネタ探しという位置づけでは不十分で，一生使う「着想

の技術」が隠れています。普段組み合わせないものをあえて組み合わせてみるという活動は，新しいアイデアを生むための大きな力になります。その思考を意識することはあまりないかもしれませんが，仕事をしたり，社会人として生活したりする上で，大きな力となることでしょう。

（参考）
田丸雅智氏公式サイト「海のかけら」ショートショートの書き方講座
http://masatomotamaru.com/lesson/

たった40分で誰でも必ず小説が書ける　超ショートショート講座
　増補新装版（田丸雅智著，WAVE 出版）
https://www.wave-publishers.co.jp/
books/9784866212913/

（遠島　充）

COLUMN

Google フォームの活用で働き方をアップデート

　フォームの活用場面は，アンケートの作成，小テストの作成の2つに分類できます。

　アンケートの作成では，回答を記述式にして，子どもに学習の振り返りを入力させることができます。従来であれば，ノートに記述させたものを回収しチェックしていましたが，フォームで回収することにより，スプレッドシートに出力して一覧化することができます。また，ノートのように返却する必要がないため，学習記録として蓄積し，学期末の評価に活用することも容易になります。また，書くこと領域の学習においては，情報の収集の学習場面で，子どもがアンケートを作成して，書くための情報を収集するような活動も有効です。

　小テストの作成では，自動採点テストを作成することができます。自動採点を設定することにより，子どもがすべての問題に回答した後，採点結果が自動的に表示されます。なお，回答が記述式であっても，単語や文の抜き出しのような問題であれば，解答集を作成して自動採点を設定することができます。また，「回答に対するフィードバックを追加」することができます。これにより，結果表示時に，回答の解説を表示させることができます。もちろん，小テストには繰り返し取り組むことができるので，基本的な知識の定着を促すことに効果を発揮します。

　フォームを活用することによって，情報の整理，蓄積，分析が自動化され，私たち教師の指導と働き方をアップデートすることができます。　　　　　　　　　　　　　　　（中野裕己）

語源プレゼンで語彙を増やそう

全校種　# 全領域

1 語源を調べる知的興奮

「Google の使命は，世界中の情報を整理し，世界中の人がアクセスできて使えるようにすること "Google's mission is to organize the world's information and make it universally accessible and useful."」です。いつからでしょうか，私たちは何か気になることがあると，スマホやパソコンを使って「ググる」ようになりました。

私が子どものころは，何か疑問があると，まず親や教師に聞き，そこでわからなければ図書館などで本を読みました。いまは，「ググれ」ば大筋で意味がわかるようになりました。少し深く調べていけば（ネットサーフィンという言葉もあります），その背後にある関連知識を得ることができるようにもなりました。画像検索や動画検索すれば，ビジュア

ルなコンテンツを通してイメージをつかむこともできます。最新ニュースであっても，テレビのニュースやうわさを聞くとすぐに検索して，ニュースの真偽や背景もすぐに調べられます。

「フェイクニュース」ということばがあります。怪しいインターネットの投稿や SNS で拡散された情報に振り回されず，新聞やテレビの正しい情報を得ましょうと（新聞やテレビが）言っています。インターネットの世界では，確かに怪しい情報が流布されることが往々にしてあります。しかし，インターネットは，情報の自然淘汰的な浄化作用が働き，フェイクニュースは，検索結果の上位に上がりにくくなり，時間をかけて，人口に膾炙した割と正しい情報が残ることになります。ところが，メインストリームのメディアである，新聞は謝罪広告や訂正記事は，1 面トップで大々的に報道された記事であっても，探すことが難しいほど小さく掲載され，テレビでは，その番組内で訂正されなければ，よっぽどのことがない限り，謝罪訂正されません。しかも録画を確認するすべがないので，人々への印象だけを残して，放置されてしまいます。このような事情を考えると，インターネットと既存メディアのどちらが危険かは，読む個人のリテラシーが問われる問題になっていると思います。

語源を調べるという行為は，知的興奮を伴うとても素敵な学習です。この学習は，単に知識が増えて嬉しいという面も大きいのですが，もう 1 つ，物事の真理を探究したいという態度につながるのではないかと思うのです。語源を調べてみると，1 つだけが挙げられて

いる，起源が明らかな言葉もありますが，多くは複数の説があることがわかります。複数ある場合，どちらも正しそうに思える，と感じます。そこから，本当はどっちだろうと，さらなる旅を始める人がいるかもしれません。そうなると今度は学術的なアプローチが必要になっていくでしょう。小さな疑問をつなげていって大きな疑問へ膨らませていく行為が学術研究なのだろうと思います。語源を調べる授業を通して，知識や真理を探究する心を愛する児童・生徒が増えてくれるといいなと考えています。

2 「語源プレゼン」事例紹介

（1）「Google 検索」の説明

この事例では，「Google 検索」の授業の流れで実施しました。はじめに，Google 検索とその進化について説明します。

Google のオムニボックス（アドレスバーと検索ボックスの機能が統合された入力エリア）に知りたい言葉を入力すると，上から順番にズラッと検索結果の候補が表示されます。これは Web ページをランク付けして，重要なものから見せていく「ページランク」という Google が開発した技術です。例えば「ラーメン」という単語を検索すると，約362,000,000件が0.69秒という速さで検索されます。

検索した場所の近くにあるラーメン屋さんが，Google Maps™ と共に表示されます。さらに右側には，ラーメンの画像検索結果とウィキペディアの情報が表示されました。これは「ラーメン」を検索する人はお腹が空い

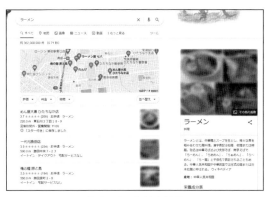

「ラーメン」検索結果

ていてラーメンを食べたいと思って検索しているという予断を前提としています。

さらに下にスクロールすると，検索した地域の食べログに掲載されているラーメン店の紹介やランキング，ラーメンに関するトップニュースが表示されました。「他の場所を探す」という項目も表示され，「にぎやかなお店」「軽食メニュー」「ラーメン屋」というカテゴリーが表示されました。一番下には，「他のキーワード」というカテゴリーが表示され，「ラーメン」とセットに検索するための他のワード候補が表示されさらに検索しやすくなっています。

Google の創業者のラリー・ページとサーゲイ・ブリンがプログラムした初めての検索結果は，10個のページリンクを返すだけでした。そこから技術が進化し，間違えて入力しても正しい結果が得られるように補正される機能が追加されたり，途中まで入力した段階で候補を予想したり，口語表現でも検索できるようになりました。このあと，具体的な検索トレーニングを実施します。

（2）「語源プレゼン」の説明
①続いて，次のような説明をします。

みなさんには，これから気になる言葉の語源を調べ，クイズ形式にまとめてもらいます。はじめに，調べる単語を決めます。3つの単語を検索してもらいます。単語の種類は以下の3種類です。

1. 若者ことば（先生は知らないけど生徒は知っているだろうと思うことば）
2. 最近知ったことば
3. 昔から気になっていることば

調べたいことばが3つ思い浮かんだら，Google フォームで単語を登録します。（先生は回答一覧（Google スプレッドシート）を見て単語の重複を調整します）

調べたいことばを登録
（Google フォーム）

②3つのことばの語源をインターネットで調べ，Google Classroom で，あらかじめ配布した Google スライドのテンプレートに調べたことばを記入していきます。テンプレートには，文章の他，画像や動画を含めてもらっても結構です。

③スライドが完成したら，次に説明動画を作成してください。作成するには，拡張機能の「Screencastify」というアプリを使います。「Screencastify」は画面録画が簡単にできるアプリです。Chrome ストアから追加することができます。Chromebook のインカメラを使って，PinP（Picture in Picture）機能で画面の中に自分を撮影しながらプレゼン動画を簡単に撮影できます。無料版では，5分間まで録画できますので，生徒のプレゼンには十分な長さだと思います。

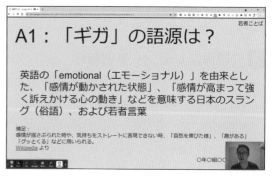

動画を撮影
（Chrome 拡張機能 Screencastify）

④作成した動画を Google ドライブに保存し，YouTube にアップロードします。YouTube の設定は限定公開に設定します。アップロードした動画の URL リンクを，Google フォームで回答します。

URL リンクの提出
「回答の検証」を使うと回答の種類を URL のみに追い込むことができる
（Google フォーム）

⑤全員が終了したら，全員の動画を Google

サイトで公開し，Google フォームで人気投票を行います。
⑥ Google フォームで人気投票（知らなかった！・驚き！・勉強になった！　の3つのうちどれかを選びます）を行います。

3　最後に

授業をする際には，複数のアプリを組み合わせて使うことを心がけています。1つのアプリでは表現できなかったことが，複数のアプリを組み合わせることで可能になることが多いからです。生徒たちが自然発生的に持ったさまざまなアイデアを，消えてしまう前に形にする能力を身につけて欲しいと願っています。

今，私たちが Google 検索の無い30年前にタイムスリップしたら，知りたいことがすぐに調べられないストレスで，どうにかなってしまうかもしれません。それほど，無くてはならないものになっています。「世界中の情報を整理し，世界中の人がアクセスできて使えるようにすること」の意味は，私たちが常に情報に接し，検索し，考え，正しいリテラシーで世の中を視て，よりよい社会をつくっていくことだと思います。テクノロジーを教えること，テクノロジーで教えることの意義は，そういうところにあるのではないでしょうか。

（参考）
Google について
https://about.google/intl/ALL_jp/

（遠島　充）

COLUMN

「検索」技術を高めよう！

Google といえば，「検索」ですよね。世の中は情報化社会を迎えています。誰もがスマホ片手に毎日何かを検索しています。「検索」という行為は，学ぶ行為と同義だと思います。しかし，インターネット上には，役に立つものとそうではないものまでさまざまな情報が溢れています。そのため「検索する」技術が大切になってきました。

Google 検索は登場以来，日々進化を遂げています。たとえば，間違えて入力したり，省略して入力したとしても，正しい結果を表示するようになりました。また，検索キーワードを途中まで入力すると，キーワードの候補を予測するようになりました。ここでは書ききれませんが，さまざまな工夫が施されています。

新しい検索方法を身につけるだけで，自分が本当に必要な情報だけを絞りこむことができ，検索精度を上げたり，検索時間を大幅に節約することができます。検索のスキル向上は，勉強や部活，私生活でも大いに役に立つでしょう。

私の学校では，高校1年生の早い段階で「検索の体験授業」を行っています。ワークシートを使って，さまざまなキーワードを検索してもらいます。天気の調べ方から，野球の結果を確認する方法から，家から学校までのルート検索をしたり，学校付近のグルメマップを作ったりしています。

生徒は楽しく「検索」を楽しみ，知ることの喜びを味わっています。ぜひみなさんの学校でも試してみてください。

（遠島　充）

「発信」「受信」を繰り返し，読みを変化させよう

#中学校 #全領域 #オツベルと象

1 授業の概要

　「オツベルと象」（『伝え合う言葉 中学国語1』教育出版）の教材を用いた中学1年の授業です。物語の読解の際に，背景としてJamboardに貼り付けたワークシートを用いました。

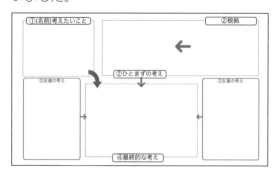

　自分自身の読み（①・②）と友達の読み（③）とを比べ，さまざまな考え・意見を参考にしながら，初めの自分自身の読みを変容させたり強化したりする（④）ことをねらい

ました。各欄に付箋を貼り入力していく際には，付箋の色を自由に変えられるJamboardの特長を生かして
① 「考えたいこと（課題設定）」（黄色）
② 「ひとまずの（自分の）考え」と「根拠」（オレンジ）
③ 「友達の考え」（水色）
④ 「最終的な考え」（ピンク）
と色を決め，ひと目でわかりやすいようにしました。

2 授業の流れ

▶ 1時間目

　まず「オツベルと象」の本文を通読して初発の感想をノートに書き，語句の意味調べをしました。意味調べはペアで2ページずつを担当し，国語辞典で自由に単語の意味を調べました。次に「単語（読み）」「意味」を入力するアンケートをフォームで作成し，1単語ずつ入力してもらいました。最後にクラス全員から入力された単語を，スプレッドシートで一覧にして共有しました。

語句調べで単語の意味を入力する様子

「語句の意味を一覧にしたスプレッドシート」

「みんなで考えたいこと」を一覧にした
スプレッドシート

▶2時間目

　本文を読みながら，疑問点や気になることなど「みんなで考えたいこと」をブレインストーミングの形でノートに書き出させました。それをフォームに入力させて集めたうえで，スプレッドシートの一覧にして共有しました（デバイスを使った授業を始めてすぐの授業だったため，あえて初めから入力させず，まずはノートに書き出させるようにして本文に集中しやすいよう工夫しました）。みんなで考えたいと思っている箇所や表現など自発的な課題がたくさん集まると，自然に近くの友達と本文に向かいながら話す姿勢も見られるなど，こちらからの問いかけについて考えてもらうよりも生徒たちの学習の様子は積極的でした。

「みんなで考えたいこと」を入力するフォーム

▶3時間目

　「みんなで考えたいこと」として入力したものの中から，各自が1つの課題を設定し，Jamboardに貼り付けたシートの①「考えたいこと」，②「ひとまずの自分の考え」「根拠」の欄に付箋を貼って入力していきます（3～4人のグループごとに1つのJamboardを作成し，共有しています）。この個人課題設定の際は，2時間目に特に入力が多かった，ラストシーンの「白象は，寂しく笑ってそう言った。」「おや，川へはいっちゃいけないったら。」は最後にみんなで考えることとし，それ以外の課題を設定してもらいました。

　自分のシートの①・②欄がそれぞれ入力できたグループは，Jamboardを確認しながら，①「考えたいこと」とそれに対する②「自分自身のひとまずの考え」「根拠」をグループ内で発表し共有しました。

▶4時間目

　考えたいこと（①）とひとまずの考え（②）をグループ内で共有できたら，次に，同じグループの友達のシートに自分の考えを入力していきます（③「友達の考え」欄）。（友達の設定した課題に自分の意見を入力します。4人グループであれば，自分以外の3

人が設定した３つの課題に対して自分の考えを入力するということになり，複数の課題について１人ひとりが考察することになります。同時に，自分の設定した課題についても，自分以外の３人から考えを入力してもらうということになります。）入力が終われば，それぞれの問いに対して自然と話し合う姿が見られました。

友達のシートに自分の考えを入力する様子

▶５時間目

友達の意見を参考にし，自分自身の「最終的な考え」（④）をまとめます。自分自身の考えと友達の考えとを比較して違いを見つけ，本文に立ち返りながら吟味します（それぞれのシートには，考え合わせてもらいたいポイントを私自身も入力しました）。友達の意見に納得して考え直し「最終的な考え」をまとめる生徒もいれば，友達の考えを批判的に捉え自分の「ひとまずの考え」を補強する形でまとめた生徒もいました。

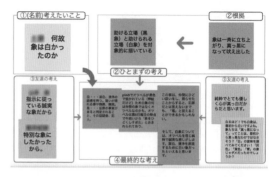

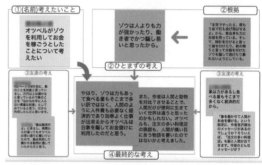

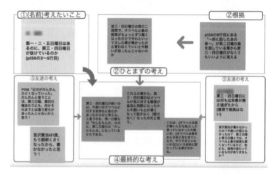

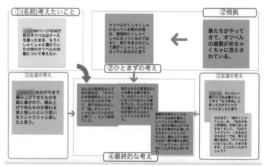

④「最終的な考え」まで入力されたシート

▶６・７時間目

グループワークを通じて考えてきた各自の課題を全体で発表しました。その際には，①

発表の様子

「考えたいこと」と②「ひとまずの自分の考え」「根拠」が，③「友達の考え」によって，どのように④「最終的な考え」に至ったのかを意識して発表しました。

発表が進むうちに，最後に考えようという課題にしていた「白象は，寂しく笑ってそう言った。」「おや，川へはいっちゃいけないったら。」についても話題にのぼり，発表の中で考え合わせることができました。

学習を通して読みの変容を実感し，またその過程で友達の考えの意図や根拠なども積極的に聞いていました。まずは自分の考えを「発信」し，友達の考えを「受信」して，それが自分自身の考察を深めることになるということを体験すると共に，「発信」「受信」に長けた ICT を用いて，授業の中に自然と生徒たち同士の会話が生まれ，作品を共に読み進めることができました

（岡本　歩）

COLUMN

背景画像を変更して Jamboard を思考ツールに

Jamboard の背景に任意の画像を使うことで，付箋を使った学習活動の可能性が大きく広がります。Jamboard 活用の基本は，発散と収束です。そして，書き出された数多くの付箋のアイデアを整理する時に便利なのが思考ツール（シンキングツール）です。

書き出されたアイデアを３つに分類するなら Y チャート，共通点と相違点を整理するにはベン図，「意見」に対して「理由」と「根拠」を示して論理的に説明するためにはピラミッドチャートという具合に，目的に応じてさまざまな思考ツールを活用することができます。

思考ツールは，Jamboard の図形描画機能で作成したものを，［フレームを画像として保存］で端末に保存して背景画像とし，読み込むと簡単です。テキストボックスで文字を打ち込んでおけば，教材に合わせた思考ツールやワークシートを作成することができます。

複雑な思考ツールを作成したい場合は，スライドが便利です。［挿入］→［図形］で作った図形を組み合わせると，さまざまな思考ツールを作ることができます。スライドを画像として保存した上で，Jamboard の背景画像にしてください。

また，Jamboard ではなく，スライドによる学習活動で思考ツールを使うこともできます。Jamboard の場合と同じように背景画像の機能を使ってもいいのですが，［表示］→［テーマ作成ツール］でさまざまなワークシートや思考ツールを登録しておくことができます。　　（野中　潤）

Active Book Dialogue：
深い気づきと学びを
創発する未来型読書法で
遠隔学習をしよう

#中学校　#高等学校　#全領域

1 本を読むこと，理解すること

　読書に関する多くの名言が述べているように，読書は本当に素晴らしいものです。人は「もの」にお金を使うより，「事」にお金を使う方が幸せになるといいます。「事」とは経験です。とは言っても，なんでもかんでも経験できるわけではありません。次善の策は，人の経験を追体験すること，つまり本を読むことです。読書をすることで，誰かの経験や思考を自分のことのように追体験することができます。体験と読書が幸せの秘訣だよ，と生徒には話すことにしています。体験で学んだことは衝撃的です。あまりの衝撃でずっと心に残ります。読書の学びは体験に比べるとやや弱いです。読書の学びを自分のものにするためには，「人に話すこと」だと生徒に伝えています。学んだことを自分の言葉に変換

して伝えること，このプロセスを繰り返すことで，読後の感動が何度も繰り返し訪れ，やがて，初めて読んだ後よりもずっと明確になり，感動が深まっていくと感じています。ところが生徒たちは読書が嫌いです。「読書はいいぞ！」「読書は楽しい！」「読書はお得！」といくら言っても生徒の心には届きません。やってみること，体験を通して衝撃を受けてもらうことが，一番の近道だと思います。Active Book Dialogue を通して，さらにたくさんの児童・生徒にブック・ラバーになってもらいましょう。

2 「Active Book Dialogue」とは？

　「Active Book Dialogue」（以下，ABD）は，竹ノ内壮太郎氏が開発した読書手法です。読書が苦手な人も，大勢で協力すれば，短時間で読みたい本を読むことができます。1冊の本を分担して読み，B5用紙に要約し，壁に貼り付けた数枚の要約されたサマリーを元に，順番にプレゼンします。1人ひとりの分担は少なく済みますので，深く読み解くことができます。読み込んで作成したサマリーをそれぞれが発表し，互いの気づきを深める対話を通して，著者の伝えようとすることを深く理解し，能動的な気づきや学びを得ることができます。本来は孤独な作業である読書を，創造的，能動的な共同学習活動に変えることができます。ABD のホームページでは，ABD がもたらす8つのメリットとして以下を挙げています。
①短時間で読める，②サマリーが残る，③記憶の定着，④深い気づきと創発，⑤個人の多

面的成長，⑥共通言語，⑦コミュニティができる，⑧何より楽しい！

　詳細は割愛しますが（p.91のQRコードから，協会のホームページをご覧ください），読書の効用を気楽に実感できるエキサイティングなプログラムです。通常対面で行われますが，これを生徒向けに，遠隔学習で取り入れる試みを実践してみました。

3 「Active Book Dialogue」実践紹介

[準備]

　まずはじめに，材料の準備をします。著作権について注意が必要です。オンラインで実施するためには，文章を配布するわけにはいかないので，著作権が消滅した作品や著者が許諾した作品のテキストを公開しているインターネット上の電子図書館「青空文庫」を使います。予算があれば，AmazonのKindleを使って全員が同じ本を購入するのも手です。実践する作品が決まったら，参加者の分担をあらかじめ決めておきます。スプレッドシートに目次を貼り付け，その隣のセルに担当者を記入しておくとわかりやすいです。

　いよいよ授業開始です。

[オリエンテーション]

①まず読書のメリットについて，自分の実体験を絡めながら説明します。例えば，『八十日間世界一周』（ジュール・ヴェルヌ）の童話版が大好きで，何回も読んで本がボロボロになってしまったことや，小学6年の時に年末の時代劇を観て，吉川英治の『宮本武蔵』

にはまり，お年玉で全8巻を（子どもだけど）大人買いし，1日で全部読んでしまった経験などをよく生徒に話します。自分の言葉は本によってつくられていることや，本を読まないと人生の大半を損するよ，などと半ば押し売り気味に話したりすることもあります。②そしてチェックインとして，各グループで，「偏愛している本」を1人1分程度で話してもらいます。ここで注意する点は，相手の話を注意深くうなずきながら聴くこと，何もコメントせずに，スピーチが終わったら拍手で終えること，誕生日が一番早い人から始めて時計回り順で話すこと等をルールとして説明しておきます。

③次に，本の選定ストーリーを話します。なぜこの本を選んだのか，この本のどんなところがすばらしいのか，何を学べるのか，などについて話します。

スライド：本の選定ストーリー

④最後に，注意事項について話します。担当部分をわかりやすく説明すること，時間を守ること，しっかり話を聞くこと，などを伝えます。

[サマリー作成]

　担当パートごとに読んで，サマリー（要約

文）を作ります。Google スライド，または，Jamboard を使ってまとめます。担当部分を6ページ以内で作成します。1ページの中には10行以内，15文字程度にすると，発表の際に見やすくわかりやすいです。1枚目は表紙にして部や章を記入します。テンプレートを作っておくと，完成後，見やすいサマリーになります。最上部の右上には，発表順と名前をテンプレートに従って入力しておきます。

　アナログバージョンで実践する際には，プレゼン時に整理が大変楽になります。作成したサマリーはスキャンして PDF 化し，Google Classroom を使って配布します。このサマリーを読み返せば，いつでも読書体験を振り返ることができます。

スライド：1枚目（表紙）

スライド：サマリー（要約文）

[リレー・プレゼン]
①本の最初の部分から順番に，リレー形式で

プレゼンします。
②1人2分以内でプレゼンします（終了時点でチャイムを鳴らします）。
③全員の発表が終わったあと，あらためてすべてのスライドに目を通します。気になったスライドの右下にテキストボックス（Jamboard であれば付箋）に質問形式（〜ですか？ など）で入力します。

[ダイアローグ]
①ブレイクアウトルームを使ってグループに分かれます（シャッフル・3〜6人程度）。
②貼り付けられたテキストボックスや付箋を元に会話します（10分）。
③Jamboard を使って，各グループごとに気になる点をまとめます。
④全体でグループごとに気づき事項や印象的なことを発表します。

[エンディング]
　グループごとに全体を通した感想を共有したあと終了します。

4　最後に

　読書は本来，極めて個人的な活動ですが，ABD は，要点を把握し，サマリーを作成していきながら読み進めていくアウトプットを意識しながらの読書ですので，理解の深まりを感じながらの読書はとても新鮮な体験です。
　青空文庫を利用すると，文章がテキストですのでコピーすることができます。読み進めながら，要点となる文をコピーし体言止めに加工するとサマリー作りが簡単です。PDF

で進める場合は，あらかじめ，OCR を掛けた状態で配布すれば，同じような効果を得ることができます。Chrome OS の拡張機能「Kami」を使えば，蛍光ペンでラインを引きながら，あるいは手書きのメモを残しながら，読書を進めることができます。

今回はデジタル上での実践例を示しましたが，オリジナルの方法で，B5 版のコピー用紙に次々に文字を書いていく醍醐味はまた格別です。

時間があれば，アナログバージョンとデジタルバージョン，両方お試しください。

読む本は何でも構いませんが，新書版などの評論文や論説文がマッチしやすいと感じています。生徒たちがギリギリ知らない程度の本がちょうどいい難易度だと思います。講談社のブルーバックスシリーズはおススメです。

（参考）
一般社団法人アクティブ・ブック・ダイアローグ協会ホームページ
http://www.abd-abd.com/

（遠島　充）

COLUMN

おススメの拡張機能①　まさに「神」アプリ　Kami

Kami は，Google Chrome ブラウザの拡張機能です。みなさんがいつも使っているプリントをスキャンして，PDF 化して，ハイライト，テキスト，注釈の追加などが行えます。スタイラスペンを使うとまるで紙に手書きで書く感覚で使うことができます。ユーザーインターフェイスが全て英語なので初めはびっくりするかもしれませんが，使ってみるととても簡単で，直感的に使うことができる大変便利なアプリです。

Kami for Google Chrome

書き込みした PDF は Google ドライブに保存できます。PDF リーダーとしても利用でき，単一・見開きのページ表示機能を備えています。さらに全画面で表示するプレゼンテーションモードも用意されていて大変便利に普段使いに活用できます。複数の PDF を結合したり，必要なページのみの抽出を行う機能もあります。Google ドライブと連携したファイルの読み込み・保存もサポートしています。また，Google ドライブまたは Google Classroom からドキュメントを編集できます。Kami は，生徒と教師の間で共同で使用されるように作られており，教師や生徒と簡単に共同作業することができます。生徒の作品作成，送信，採点をすべて一箇所で行うことができ，Google Classroom とシームレスに統合することができます。最近は，液晶ペンタブレットやペンタブレットで有名なワコム製の液晶ディスプレイとスタイラスペンを備えている Chromebook も多く販売されています。このような PC を導入されている学校では，すべてデジタルで漢字の小テストを行うことも可能です。また，グループ学習で 1 つの PDF を協働で作業することもできますので，授業の幅も広がることでしょう。先生のための「Kami 認定教育者」という資格もあり，レベル 1 では操作の基本を，レベル 2 ではトラブルシューティングを無料で学ぶことができます。テンプレートも豊富に備えてあります。まさに「神」アプリです！　ぜひみなさんの学校でも使ってみてください。

（遠島　充）

Time will tell：
自分クイズをつくろう

中学校　# 高等学校
話すこと・聞くこと　# 書くこと

1 授業の概要

　"Time will tell" は，「時がたてばわかる」という意味の言葉です。良かったのか悪かったのか，正しかったのか，間違っていたのか，本当なのか嘘なのか，若いいまはわからないけど，いつかきっとわかる日が来るというニュアンスです。時が経てば経つほど，あのころはみんなと一緒に過ごせてよかったなと毎年思えるようになる，そんな友達を作ってほしいという思いでこの授業を企画しました。

　Jamboard の各ページに，生徒のかつて持っていた夢やできごとを，幼稚園・小学校・中学校・高校，各時代の分を書き出して並べてみます。そして，Google フォームで投稿させ，スプレッドシートで整理します。そのあと，スライドに４つの夢をクイズ形式で並べます。順番にクイズ仕立てにした動画

を作成します。全員完成したら，シャッフルしてクイズを開始。クイズが進み，すべてめくると自分の写真が現れます。早押しで誰のスライドかわかった時点でそれぞれポイントが入る仕組みです。クイズで盛り上がるとともに，夢の変遷からその生徒の人となりを察することができます。完成したスライドや動画は，スマホからいつでも取り出せます。懐かしい友達と一緒に眺めながら語り合う，そんな素材にできればと思っています。

2 授業の流れ

　まず初めに，Google Classroom を使って，作成指示を出します。［授業］タブから［作成］→［課題］を選択します。以下のように指示を記入します。

タイトル　「Time will tell」
課題の詳細
　「"Time will tell" は，『時がたてばわかる』という意味の言葉です。幼いころの夢は大変貴重です。一度しっかり思い出して記録しておくと，これまでの道のりを懐かしく思い出す材料になるでしょう。幼いころから今までの夢の変遷を記録します。添付のワークシートに記入してください。幼稚園から高校までの４つの枠に，当時の夢とできごとを，当時を振り返りながら記入していきます。最後に自分自身の夢をクイズ仕立てに加工します。以下の手順で，作品例を参考にして，自分自身の作品を完成させてください。

Google Classroom の課題指示画面

① 生徒個人に割り当てられたドキュメント
のワークシート（「『夢』Time will tell〜
自分クイズを作ろう！ワークシート」）と，
Google スライドのテンプレート（「『夢』
Time will tell〜自分クイズを作ろう！ク
イズスライド」）を開きます。※ファイル
名の先頭に自分の名前があることを確認し
ます。

② Google ドキュメント のワークシートに，
作成例を参考にして，それぞれの時代の
「夢」と「できごと・エピソード」を記入
します。

③ 作成例を参考に，Google スライドで「自
分クイズ」を作成します。

④ 2つの課題の作成が完了したら，［提出］
ボタンを押します。

⑤ 完成したスライドを元に，Loom: Screen
Recording & Video（Loom, Inc）を使っ
てプレゼン動画を作成します（3分程度）。

⑥ 作成した動画からリンクを抽出（画面の赤
枠部分をクリック）し，そのリンクを添付
して Google フォーム「「夢」動画（完成
動画のリンク提出）」で提出します。

以上」

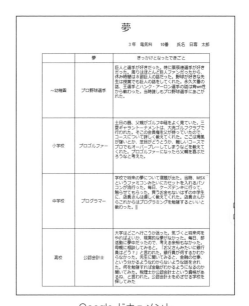

Google ドキュメント
「『夢』Time will tell〜自分クイズを作ろう！ワークシート」

Google スライド
「『夢』Time will tell〜自分クイズを作ろう！クイズスライド」

Google Classroom の割り当て画面

Loom のリンク抽出画面

Google フォーム
「『夢』動画（完成動画のリンク提出）」

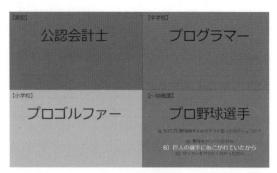

クイズ画面①

クイズ画面②

クイズ画面③

　クイズは，スライドを4画面に区切り，それぞれに1問ずつクイズを配置していきます。問題をクリアするごとに，1枚ずつカードがめくられていきます。すると中から1枚の写真が現れます。クイズ自体がヒントになり，写真が全体に現れれば，誰のスライドなのか明らかになります。

　動画を作成するとき，声でわかってしまうかもしれませんので，無音で撮影します。一

つのクイズにつき，10秒くらいが適切でしょう。

　解答は，Google Meet のチャットを使います。チャットに速く記入した人に優先解答権があります。間違うとお手つきで，1回休みです。

③ 最後に

　自分のこれまでの歩みをクイズにまとめる作業は楽しく集中できる作業です。また，自己肯定感を高めたり，他者尊重の心を育てる効果もあります。クイズも大変盛り上がります。ぜひチャレンジしてみてください。

（参考）
簡単画面録画サービス「Loom」：複雑な設定をしなくても，簡単に画面録画を開始できるクラウドサービスです。Chrome ブラウザに拡張機能として動作します。同時に Web カメラで顔を収録できます。収録した動画は PC にダウンロードする必要なく，Loomから発行されるリンクを送るだけですぐに共有できます。
https://www.loom.com/

（遠島　充）

COLUMN

おススメの拡張機能② 　映像作成ソフトあれこれ

　Google Chrome ブラウザは，シンプルなデザインでユーザーが自分好みにカスタマイズして利用することができます。もちろん，全くカスタマイズしなくても，インターネットを楽しむための必要な機能は十分備わっていますが，Chrome 拡張機能を追加することで，より自由に，自分好みに便利に利活用することがでます。

　機能拡張の中には，スクリーン・動画キャプチャーアプリがあります。これらのツールは，パソコンの画面を撮影（スナップショット）したり，動画で撮影したりできるツールのことをいいます。画面全体やユーザーが指定した特定の範囲，アプリケーションを画像ファイルとして保存し，一連の操作をそのまま動画ファイルとして録画できます。これらを利用して生徒向けにツールの説明動画を撮影したり，反転学習の動画を作成することができます。

　有名なスクリーン・動画キャプチャーの機能拡張には，「Screencastify」「Loom」「WeVideo」があります。どれも画面キャプチャのための基本機能を備えた大変優れたアプリです。画面を録画しながら，Web カメラを使って自分の表情を同時に撮影することも可能です。臨場感のある授業動画やチュートリアル・ビデオを作成することができます。撮影後はブラウザ上で簡単な動画編集を行うことができます。また，Google Meet を使って動画作成をすることもできます。Google Meet で1人で会議を作成し，録画機能を使えば，オンライン授業の画面を撮影することができます。ぜひお試しください。

（遠島　充）

Screencastify - Screen Video Recorder　　Loom for Chrome　　WeVideo for Schools

Classroom を
フル活用した
授業をしよう

＃高等学校　＃全領域

1　はじめに

コロナ禍の中，Google Workspace が導入され，現場の雰囲気が一気に変わりました。そこで，ICT を駆使してどこまで国語科の取り組みができるか，イメージトレーニングをしてみようと思い立ちました。これはモデル授業の提案です。

2　初読の感想はフォーム＆ Jamboard

モデル教材は志賀直哉の『城の崎にて』です。生徒にとっては難しい内容ですが，巧妙に配置された仕組みが読み解けると，一気に小説の世界に引き込まれ，作者の意図を次々と読み解きたくなる魅力を持っています。

小説世界に読み浸らせるために最初は通読します。その後，すぐに感想や気づき，疑問

点を書かせるのですが，紙に書かせるとフィードバックに時間がかかります。ところが Google Workspace を活用すると即座にフィードバックができます。

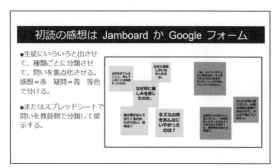

例えば Jamboard を使えば，付箋紙のように移動させて同じ意見をまとめたり，種類ごとに色を変えたりして，整理でき，疑問点を焦点化して解決課題としてまとめることができるのです。

フォームを使用すれば，自由に記述させた文章がスプレッドシートに集まり，まとめて見ることができるます。また，名前を非表示にしておくと，生徒は匿名性を活かして，思い切って意見を書くことができます。次々と送信され，集まってくる生徒の気づきや感想は，それ自体が学習材となり，教材の読みも深まり，学習への動機付けにもなります。

3　語句調べはスライドで共同編集

語句調べや小説世界の下調べは，スライド

でグループに当てて分担し，『城の崎にて』語句調べを共同編集で作成したらどうでしょうか。

Google 検索を駆使してもいいし，さらにGoogle Maps を用いて位置関係などを示してもいいでしょう。YouTube などで調べると，風景の動画も出ていて，作品世界をイメージしやすくなると思います。

4 展開はファシリテーショングラフィック

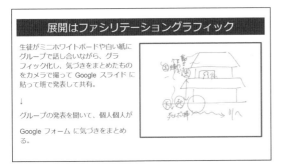

　小説を読んでいくときは，生徒に状況の分析をさせますよね。描かれている場面を読み取り，それがどう描かれているか，その意味は何かをグループで意見を出し合い，考えていきます。文章を読みながら，それを視覚化し，みんなで共有して分析していくために，Jamboard の描画機能を使ったり，白い紙に自由に書かせたりして，話を促していく手法，ファシリテーショングラフィックを取り

入れると，話合いが活性化します。例えば，「生きている蜂」は上の方に，「死んでいる蜂」は下の方に，「私」はその中間の位置の2階にいます。その位置関係から，「私」が「生と死」の間にいるということが読み取れますよね。そのような内容を図式化すると，小説での意図的な配置と読解が結びつきやすいです。話し合って描いた図は，カメラ機能で撮影してスライドに貼り付け，すぐに発表することができます。各グループの分析をすぐに共有できて，読みが深まり，各自が考察を深めることができるでしょう。

5 生徒の反応を即座につかむ

　生徒の反応を簡単にリアルタイムにつかみたいときは，Classroom の［＋作成］ボタンから，［質問］を選ぶと，記述式，選択式の両方のパターンで生徒の反応をつかむことができます。例えば，オンライン授業の時には課題の進捗状況などを選択肢で聞くことができます。

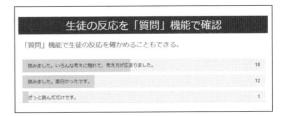

　またスライドにもちょっとしたチャット機能があります。スライドの［プレゼンテーションを開始］の右の▼をクリックし，［プレゼンター表示］を選びます。

その次に［ユーザーツール］を選択し，［新しいセッションを開始］をクリックすると，次のような画面になり，右上にリンクが現れます。このリンクをクラスで共有すると，いろいろと書き込みができるチャットとして活用できるのです。

例えば，「桑の葉が動かなくなった原因は？」などと問うと，様々なコメントからヒ

ントが出て，双方向性の高い授業展開の中で読解も深まるでしょう。

6 ルーブリック作成

生徒に課題を配信する際，ルーブリックを添付して渡すと，評価の観点がわかって，生徒の課題への取り組みも充実してくるでしょう。

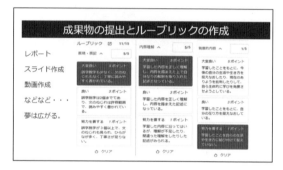

実は Classroom にその機能がついています。スプレッドシートで原案を作って，読み込むこともできるのです。

7 レポート課題を提出＆全体でシェア

課題も Classroom で配信します。配信方法は，スライドやドキュメントなどがいいでしょう。スライドはすぐさまプレゼンテーションもできるため，生徒もプレゼンテーション前提の心構えとなり，デザインや構成などにも工夫をし始めます。提出はそのまま「課題として提出」させると，特定のフォルダにデータが入るようになっています。そのフォルダのリンクを共有することで，生徒も自由に他者の作成したレポートを閲覧することができるのです。

またフォームにも課題のデータを添付し，

送信する機能があります。これもフォルダの
リンクを取得することができるので，閲覧機
能があり，たいへん便利ですね。

8　振り返りもフォームで

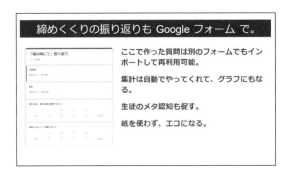

学習を終えての振り返りもフォームで行え
ば，集計も自動，グラフにもなります。質問
は別のフォームでもインポートして再利用可
能です。生徒自身も自分をメタ認知できると
ともに，他者の振り返りを読んで学びが深ま
ります。

9　おわりに

あらゆる授業の場面で活用するとしたら…
と考えてみました。最初はどうしても「使い
方を習得するために使う」という感じがある
ことは否めません。道具も使いこなせないと
本領を発揮できないのと同じです。生徒にも
ある程度の練習期間が必要となってきます。

Google Workspace を使い始めて間もな
いのですが，これから取り組みを進め，他の
たくさんの先生方といろいろな活用方法の情
報交換をし合い，目の前の生徒に最適な方法
を提供できるように努めていきたいと思って
います。　　　　　　　　　　　　（黒瀬直美）

COLUMN

Google Classroom でできるルーブリック評価

新しい学力観に対応し，「コンテンツベースからコンピテンシーベースへ」，言いかえれば「知識
の習得から能力の育成へ」と国語授業がシフトしようとしています。そこで重要になるのが，パフ
ォーマンス評価です。そのための有力な選択肢の１つとして，注目されているのが，Google
Classroom の機能として組み込まれているルーブリック評価です。

Google Classroom の課題配信の際に［ルーブリックを作成］を選択すると，簡単な操作で評価
基準を作成し，スコアを決めることができます。３段階のルーブリックが３つあって９点満点だっ
たとしても，課題の「点数」を100点満点にしておけば，自動的に換算してくれます。ゼロからルー
ブリックを作成するだけではなく，［ルーブリックを再利用］や［スプレッドシートからインポー
ト］というメニューがあるので，前回のレポートのルーブリックをそのまま利用したり，教員間で
ルーブリックを共有したりすることも簡単にできます。

少ない操作でパフォーマンスを数値化することができるので，教員にとっては負担軽減につなが
りますし，児童生徒にとっては納得感を得られやすいというメリットがあります。ルーブリック評
価によるフィードバックによって，児童生徒が「提出したら終わり」ということにならず，再提出
が増えたという声も聞きます。総括的評価だけではなく，形成的評価の場面で有効に利用すること
ができれば，学びの質を高めることにつながります。　　　　　　　　　　　　　（野中　潤）

ブックカフェ：
クラスを越えて読書会で
交流しよう

#中学校　#読むこと

1 読書会の授業の概要

　ここ数年，年に１回は１冊の本を読んで語り合う「ブックカフェ」と呼んでいる読書会を授業の中で取り組んでいます。

　この読書会では，教師が複数冊，課題本を提示し，生徒はその中から課題本を選びます。クラス内の同じ本を選んだ人同士で４人グループを作り，話し合うテーマを決めて読書会を行います。

　この読書会は，すでに何度も実践してきています。生徒も非常にスムーズに活動に取り組むことができています。この調子で今年も同じようにやってみるか……と思っていた矢先に，新型コロナ禍に直面することとなりました。対面での長時間の話合い活動は極力避けることとなりました。読書会は話合いが中心となる活動です。しかし，話合いをせずに

実りある豊かな交流ができないものか……そんなときに頼ったのが ICT でした。

2 授業の実際

単元名（対象学年）
お茶中ブックカフェ（中学２年）

単元の目標
○本や文章などには，様々な立場や考え方が書かれていることを知り，自分の考えを広げたり深めたりする読書に生かすことができる。
【知識・技能】（３）エ
○文章を読んで理解したことや考えたことを知識や経験と結びつけ，自分の考えを広げたり深めたりすることができる。
【思考・判断・表現】Ｃ（１）オ
○文学作品の魅力を引き出し合う読書会の対話の場づくりに積極的に参加し，読書を楽しもうとする。【主体的に学習に取り組む態度】

①読書会に向けての準備
　中学２年の読書会では，課題本を10種類提示し，生徒から希望をとってグループ分けしていきます。課題本は『星の王子さま』（サン＝テグジュペリ，新潮文庫）から『ギヴァー記憶を注ぐ者』（ロイス・ローリー，新評論）まで，難易度やジャンルを様々なものを揃えています。

　希望はフォームで取りますが，ちょっとしたコツがあります。それは，フォームを［選択式（グリッド）］で，［各行で一つの回答を必須にする］にし，［一列につき一つの回答に制限］と設定するということです。そうす

ると，例えば第1希望が2つあるなどの希望
の重複が避けられます。

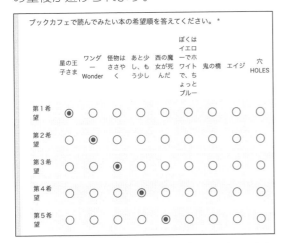

　このアンケートをもとに，クラス内で4人
ずつの読書会グループを作りました。

② Classroom 上での交流

　課題本が決まった生徒は200ページ以上の
本を各自で読み進めることとなります。途中
で挫折せずに読み進めることができるよう，
読書会用の Classroom を開設しました。こ
れは課題本を選んだ人同士でクラスを越えて
交流できる掲示板です。

　特定のページまで読み進めたら，クラスル
ームに挙げられている「質問」に答える形で
以下のように感想交流を進めます。

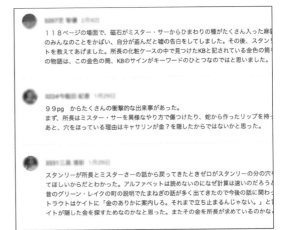

　この Classroom での「質問」は全部で5
回行い，読書の進行に沿って書き込んでいく
ことになります。

　最初の「質問」は20ページだけ読んだら答
えるようにしてハードルを下げ，残りの4回
は全ページを均等割りしたペースで書き込む
ことができるようにしています。

　「質問」のイメージをお伝えするために，
初回と第2回の質問をご紹介します。

・・・

第1回「質問」

　最初～20ページまで読んでどうでしたか？
　小説の冒頭は，作品の設定（いつ・どこ
で・だれが）が示され，作品全体の雰囲気が
伝えられます。冒頭を読んで，どんなストー
リー展開になりそうだと予想しましたか？
　どんなことを感じましたか？
　面白そう？　難しそう？　それとも？？？
　まずは，あなたがこの本から受け取った，
第一印象を書いてみましょう。
　（他の人も読むので，20ページより先の内
容は書かないようにしましょう）

・・・

第2回「質問」

　物語は一般的に，冒頭（起）→発端（承）→山場（転）→結末（結）と進んでいきます。

　今はおそらく，発端（承）ぐらいだと思います。発端（承）では，冒頭で設定が示されたあと，山場へとつながっていくさまざまなきっかけや伏線が散りばめられていきます。なかなか話が進まないと，読むのがしんどいところですね。ここが踏ん張りどころです。

　ここまで読んだなかで，

・気になったところ

・疑問に思ったところ

・面白かったところ

・共感したところ，もしくは違和感を感じたところ

・これから先どうなっていく？

　などの視点を参考に，感想を書いてみてください。感想を書いたら，ぜひ他の人のコメントも読んで，返信してください。

・・・・・・・・・・・・・・・・・・・・・・・・・・・・・・

　と，このように，作品の展開に沿って，押さえてほしいポイントや読み方を伝えるとともに，そこでの読者の様々な気付きや感想を引き出すことができるような「質問」を生徒に投げかけることにしました。

　なお Classroom の「質問」では，教師と生徒間だけでなく，生徒同士も書き込みしあうことができます。回を追うごとに書き込みに熱を帯びてきて，クラスを越えた「読書会」がこの Classroom 上で行われていくようになりました。

③読書会で語り合うテーマの絞り込み

　全員が本を読み終わった段階で，初めてグループで集まり，読書会で話題にするテーマを決めることにしました。Jamboard をグループで共有し，話し合ってみたいテーマを書き込みし合い，検討します。

　下記は『ギヴァー記憶を注ぐ者』を取り上げたグループのもの。ここから，語り合いたい問い，作品の魅力を引き出すことができそうな問い2〜4つ程度を絞り込んでいきます。

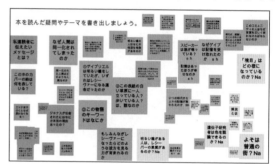

④読書会の開催

　こうして絞り込んだ問いをもとに，2時間，読書会を行いました。会場を図書室に移し，飛沫よけのシールド越しに，4人グループで話合いをしていきました。

　読書会の授業の後半10分で「置き手紙」を書いていきました。これは同じ本を選んだ他のクラスの仲間に向けて，話合いの様子を伝えるお手紙です。「置き手紙」を書くことで，この時間の交流の振り返りにもなります。次の時間には，他クラスからの「置き手紙」を読み合うことから始め，さらに読書会を深めていきました。

⑤読書会のまとめ

　読書会を終え，最後には「まとめレポート」を個人で書く活動としました。

　このまとめレポートには，

・読書会を終えて感じたこと，考えたこと
・この本を読んで一番心に残ったこと
・この本ではまったこと，面白かったこと
・考えさせられたこと
・読書会の様子
・他の人の発言からはっとさせられたこと
などをドキュメントで書く形となります。

　すでに Classroom 上でたっぷりと書き込みし合っていたり，読書会で豊かに話し合った後なので，「書くことがない」という生徒はいません。1時間の時間をとって，読書会で得たもの，感じ取ったことを表現し，この学習のまとめとしました。

3 ICT を読書会に活用して起きた変化

　これまでアナログで行ってきた読書会のほとんどをデジタル上で行うこととなりました。対面での交流は2時間の読書会と，その準備時間のみでしたが，それでも従来以上に豊かな交流が行われていました。

　その大きかった要因は Classroom での事前交流です。読書会が始まる前に交流が豊かに進められていたことで，単なる読み落としレベルの誤読が排除され，より作品の中心に迫る交流へと進めることができました。また，クラスを越えて1冊の本を媒介に出会い直す機会も生まれました。

　今度は，コロナ禍であろうとなかろうと，読書会ではこのように ICT を使い続けるつもりです。

（渡辺光輝）

COLUMN

教師はどのように ICT と向き合うか

　教室に1人1台の端末が整備されたことによって，子どもの学び方，そして教師の指導は変わりつつあります。写真や動画などを簡単に扱えるようになったり，子どもの考えが瞬時に共有できるようになったり，膨大な情報が自動的に整理できるようになったりすることは，ICT のよさと言えるでしょう。

　一方で，特に導入期には，さまざまな問題が散見されます。例えば，端末を開いて学習と関係のないことをしてしまう，不適切な言葉を入力して共有してしまうなどがそれにあたります。このような問題について，我々教師はどのように向き合えばよいのでしょうか。

　端末の機能制限をすることや，ルールを決めてチェックする機会を増やすこと，これらが必要な場面ももちろんあると思います。しかしながら，最も大切なことは，これまでの授業観，子ども観を見直すことだと思います。例えば，端末を開いて学習と関係のないことをしてしまう子どもは，端末がないときにはどのように過ごしていたのでしょうか。もしかしたら，あまり授業に集中できていなかったかもしれません。端末を手にすることで，そのような子どもの実態が見えやすくなっているのだと捉えることもできます。

　問題となる子どもの姿の原因を端末だけに求めていては，本当の意味での解決には至りません。1人1台端末の導入を，授業観，子ども観をアップデートする機会としていく…そんな ICT との向き合い方も大切にしていきたいと思っています。

（中野裕己）

小×高のコラボレーション授業：校種と距離を越えた学び

［小］『100万回生きたねこ』の魅力を伝えよう

＃全校種　＃話すこと・聞くこと　＃読むこと

1 コラボレーションのきっかけ

きっかけは，2020年の GEG（Google 教育者グループ）のオンラインイベントでした。全国一斉休校が解かれ，ちょうど分散登校が始まった頃で，教育現場への ICT の導入，オンライン授業の機運が高まっていました。私の勤務校は幸いなことに，当時から1人1台端末と Google Workspace for Education が導入されており，オンライン授業の経験をどのように対面授業に生かすかを考えていました。そのような時に，オンラインイベントで出会った高校教諭である岡本歩先生（この書籍の執筆者の1人でもあります）の提案に応える形で，新潟県の小学生と広島県の高校生による学びのコラボレーションが動き始めました。

計画の中で大切にしていたことは，「小学生にとっても，高校生にとっても，メリットのあるコラボレーションを創る」ということです。そして，単なる交流会ではなく，その背景に学習指導要領に基づいた確かな学びを生み出すということです。このようなことを念頭に，計画を進めていきました。

2 様々な問題点

計画を進めるにあたって，いくつかの問題点が浮上しました。

【教材の問題】

小学生と高校生が互いの学びを交流するためには，教材に何らかの接点が必要です。小学校の授業は，基本的に教科書の内容に準拠して行われていきます。しかしながら，そのような教材が限定された状況では，なかなか高校生の教材との接点を創ることは難しくなります。そこで，教科書教材に限定せず，広い視野で教材を選定することとしました。その結果，小学生は絵本『100万回生きたねこ』（佐野洋子，講談社），高校生は古典『竹取物語』を教材として，学びを交流することとなりました。一見すると接点がないように思える2つの教材ですが，作品のテーマを解釈することで，共通性を見いだすことができるのです。この2つの教材の共通性に関しては，岡本歩先生が高校側の視点で書かれている事例をご覧ください。（pp.108 –111）

【接続環境，教室環境の問題】

交流するにあたっては，もちろん Web 会議システムを活用する必要があります。当初考えた形態は，小学生30名，高校生20名が1つのルームで，画面を共有して学習成果を発

表するというものでした。しかしながら，これでは子どもは当事者意識をもって，交流を行うことができません。多数対多数では，全員に発言する機会をつくることが難しくなるからです。そこで，少人数のルームを複数作成し，交流を行うこととしました。さらに，なるべく互いの声をクリアに聞き合えるようにイヤホンを接続し，教室の中での子ども同士の距離を取るなど，接続環境，教室環境を工夫することとしました。

交流当日の様子。同じルームの子どもは，1台の端末を共有してWeb会議システムに接続します。分配器を使い，1台の端末に複数のイヤホンを接続します。

交流当日の様子。異なるルームの会話が混ざらないように，距離を取って交流を行います。

3 授業の実際

【単元前の仕掛けづくりと導入】

　単元に入る前に，あらかじめ絵本『100万回生きたねこ』を読み聞かせました。この時の子どもは，広島県の高校生と交流することはおろか，絵本『100万回生きたねこ』を教材として国語科の学習を行うことすら知りません。その後，ある程度の期間を空けて，単元の導入を行いました。導入では，交流相手である高校生と担任の岡本歩先生にWeb会議システムで登場してもらい，高校生からの依頼という形で単元の概要を説明しました。この時，次のようなやりとりがありました。

> 岡本先生：
> 「高校生は，古典という昔のお話を勉強しています。『竹取物語』という『かぐや姫』のもとになったお話です。その『竹取物語』をくわしく勉強するために，小学生にお願いがあります。ある絵本に，竹取物語と似ているところがあるので，小学生のみんなにその絵本の勉強をして，魅力を高校生に紹介して欲しいのです。」
> 小学生：
> 「楽しそう！　どんな絵本なんですか」
> 「知ってる絵本かな」
> 岡本先生：
> 「『100万回生きたねこ』っていう絵本，みんな知ってるかな」
> 小学生：
> 「知ってる！　先生に読んでもらったことがあるよ」

　このような導入によって，子どもに，「高校生に『100万回生きたねこ』の魅力を伝える」という学習の目的が強く動機付けられま

した。

【『100万回生きたねこ』の魅力を探る】

　まず，『100万回生きたねこ』の設定を確認しました。この設定が，学級で学ぶ時の共通の土台となります。子どもたちが捉えた設定は次の通りです。

・中心人物…ねこ
　死んでも生き返ることができる。自分のことが大好き。
・重要人物…白いねこ
　ねこにあまり興味をもたない様子だった。ねこと結婚して家族になった。
・登場人物…飼い主たち
　全員が，ねこのことを大好きで，大切にしていた。

　次に，初発の感想を交流し，それぞれが追究したい問いを立てました。そして，問いを交流して魅力を発信するために解決すべき問いを絞り込みました。絞り込むための要件は，「中心人物の心情や行動に関わる問いであること」，「読者の心を揺さぶるところに関係していること」の2点です。子どもたちは，次のような問いを追究すべき問いとして設定しました。

---

①　様々な飼い主たちを嫌っていたのに，白いねこだけを好きになったのはどうしてか。
②　自分よりも，白いねこのことを好きになったのは，どうしてか。
③　生き返ることができるのに，最後だけ生き返らなかったのは，どうしてか。

　これらの問いについて，学級で交流しながら追究していきました。①，②の問いについては，次の板書に表れているように，登場人物の相互関係やねこの心情の変化を整理しながら，ねこの変化をまとめていきました。

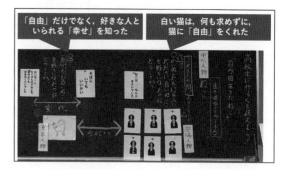

　このような学びを踏まえて，③の問いについて，考えを交流しました。

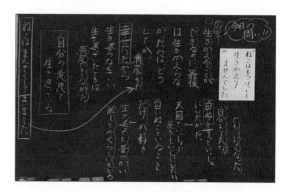

　ここでは，白いねこという，ねこにとって初めてできた大切な存在を失ったことで，現世に留まることの意味がなくなったという考えに，多くの子どもが共感していました。このような学びを通して，子どもは，ねこの変化を魅力として捉えることができました。

【『100万回生きたねこ』の魅力をまとめる】

　まず，魅力を伝えるために必要な情報を整理して，あらすじ，人物設定，魅力紹介のように，スライドの構成を考えました。そして，4人のグループでスライドを共同編集しました。子どもは，作成するスライドを分担し，それぞれが担当したスライドの情報に重複やずれが生じないように，話し合いながら進めていきました。以下は，子どもたちが作成したスライドの一部です。

あらすじ

あるところに100万回も生きた猫がいました。猫は、王様や手品使いなどいろいろな飼い主の猫でした。いろいろな人が、猫が死んだ時に悲しみました。でも、猫はどの飼い主もみんな嫌いでした。

そして最後はのらねこ。立派なのらねこだったので立派なのらねこになりました。そして、いろいろなメス猫からすかれました。でも一匹見向きもしない白い綺麗な猫がいて猫は腹を立てました。でも、猫は白い猫が好きでした。そして、白いねこが死んだ時に、猫ははじめて泣きました。そして猫は白い猫の隣で静かに動かなくなっていました。

ねこの魅力紹介

魅力的だと思うところは、<u>白いねこにあったあと生き返らなかったこと</u>です。あのままもしもねこが生き返ったらねこはつまらない日々を送っていたと思うからです。そして、＜なんで生き返ったんだ！＞と後悔しながら生きていたと思うからです。

もう1つの魅力だと思うのは、さっきと逆で、<u>100万回生き返ったこと</u>だと思います。生き返らなかったら、白いねこと出会ってなかったと思うからです。

【広島の高校生へ発信する】

発表練習を十分に積んだ後，広島の高校生とWeb会議システムをつなぎ，『100万回生きたねこ』の魅力を伝えました。

発信後の子どもの感想

今日は，ずっと楽しみにしていた高校生との交流の日でした。魅力がきちんと伝わるか不安だったけど，高校生が質問してくれたり，「〇〇ということ？」と確認してくれたので，自分の言いたいことをわかってもらえたと思います。

次の高校生の発表も楽しみです。

この記述から，「広島の高校生に魅力を伝える」という目的意識を強くもっていたことがわかります。また，学齢が上の相手に伝えることで，発表を通して考えをより明確にすることができました。教室を越えた学びには，子どもの主体性を引き出し，学びを深める可能性があると言えます。

(中野裕己)

COLUMN

ビデオ会議アプリ　Google Meet を活用しよう

新型コロナ感染症の拡大によってリモートワークが広く普及しました。海外とのビジネスなどで使われてきたビデオ会議アプリが，日常的なコミュニケーションの手段になっています。

Google Classroom には，クラスに参加しているメンバーだけがアクセスできる Google Meet のリンクを自動的に生成する機能があります。クラス名が表示されているホーム画面に参加するためのリンクを出しておくことができるので，ワンクリックでアクセス可能です。

学校外との交流や遠隔授業で利用されるイメージが強いかもしれませんが，イヤホンやヘッドセットなどを使えば，教室内で利用することもできます。プロジェクターを使わずに画面共有で見せたいものを見せることもできます。席を移動せずにグループ対話をすることもできます。座席の位置とは関係なくグループを作れるので，授業デザインの幅が広がります。グループ対話をするためには，ブレイクアウト機能が便利ですが，Google Meet のリンクをグループの数だけ作成することでグループ対話を実現することも可能です。

ちょっとした工夫で，もともとの使い方とは異なるさまざまな学習活動を創造できるところが，Google for Education の面白さです。

(野中　潤)

小×高のコラボレーション授業：校種と距離を越えた学び

［高］『100万回生きたねこ』と『竹取物語』の作品同士の共通点を見いだそう

#全校種　#話すこと・聞くこと　#読むこと

▌1 授業の概要

　小学校・中学校・高校と校種を越えて子どもたちどうしが交流し，作品理解を深めた実践です。
・第1回…新潟大学附属新潟小学校4年生より「『100万回生きたねこ』の魅力」プレゼン
・第2回…福山市立常金中学校1年生より「『竹取物語』の魅力」プレゼン
・第3回…近畿大学附属広島高等学校2年生より「『竹取物語』と『100万回生きたねこ』の共通点・類似点」プレゼン

　各回ともに Zoom に接続し，プレゼンテーションを行いました。子どもたちの ICT 環境がそれぞれの学校で異なっていたため，第2回は各教室に1台の端末を接続して教室同士をつなぎ，第1回・3回は1人1台を接続しブレイクアウトルームに分けて発表しました（Google Meet のブレイクアウトセッション機能も，今なら使えそうです）。子どもたちが作成したプレゼン資料も，手書きのポスターやスライド作成など，学校の学びに合わせてさまざまでした。

ポスターセッションも，手書きのものにパソコンで作成したものなど，自由な表現が見られました。

手書きの資料もPDF データとして共有してもらい，感想などコメントを書き加えることができました。

第2回　常金中学校プレゼンより

▌2 本校（近大福山高校）の目的

　本校の目的としては，以下の2点です。
①新しい学習指導要領に関わって
　知識を獲得するのみでなく，獲得した知識を基に自身の考えを深め，それを他者に向けて発信したり他者と交流したりすることで「伝え合う力」を高める。また古典で学んだ「竹取物語」という作品を，社会や自分との関わりの中で生かしていくという態度を育てる。
②高大接続改革に伴う入学者選抜に関わって

「複数文章の比較」「授業場面での対話」という新しい傾向について意識し、主体的に実践を試みる。

3 第3回　本校生徒たちの発表「『竹取物語』と『100万回生きたねこ』の共通点・類似点を探れ！」

中学1年で『竹取物語』の冒頭部分を扱うことが多いですが、高校では後半部分の本文を扱うことも多くあります。授業で本文を学んだ後、プレゼン資料をスライドで作成し、Zoom で画面共有をしながら発表しました。発表の際には、各学校の子どもたちを分けたブレイクアウトルームの司会・進行も生徒たちが行いました。

生徒たちの発表をいくつか紹介します。

▶発表①

たくさんの飼い主たちや貴公子たちから「愛される」という受動的な立場であったねこや姫が、白いねこや帝を「自ら愛する」という能動性を獲得していったことが、2作品の共通点である。

▶発表②

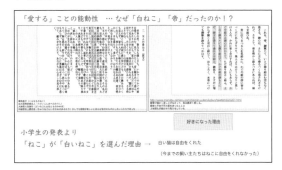

2作品の共通点は「愛するという能動性の獲得」である。ではなぜねこが白いねこを、姫は帝を愛したのか。「白いねこが他の飼い主と違ってねこに自由をくれた」という小学生の発表を受け、姫が最後に帝に対して「あはれ」という言葉を送った理由を、「竹取物語」の原文にあたり考えた。「容貌よしと聞きては、見まほしうする人ども」と表される5人の貴公子たちに対して、帝については「よしなく御方々にも渡り給はず。かぐや姫の御もとにぞ、御文を書きて通はさせ給ふ。」とある。貴公子たちと違い、帝は姫との心の交流を丁寧に重ねたことが読み取れる。白ねこ以外の飼い主たちや5人の貴公子たちにとってマスコット的なものであったねこ・姫の存在は、白ねこや帝にとって、心から大切に思うかけがえのないものであったと言える。

▶発表③

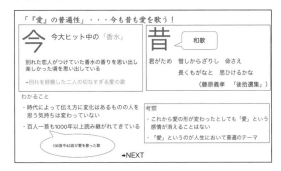

2作品が読み継がれる理由は「愛の普遍性」にある。そして人間は，今も昔も「愛」を歌う。平安時代の恋愛や結婚の形は現代とは異なり，またLGBTQなどさまざまな愛の形があるが，「愛」という感情について考えることは，昔も今もこれからも私たちに普遍的なテーマなのである。

▶発表④

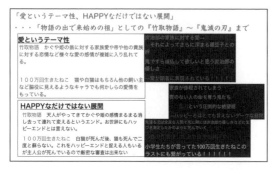

「物語の出で来始めの祖」としての『竹取物語』の展開は，現代作品にも通じるものがある。2作品の共通点である「愛というテーマ性」「HAPPYなだけではない展開」は，現在大ヒットしている『鬼滅の刃』（吾峠呼世晴，集英社）にも，主人公の家族に対する愛情・愛するものとの別れとして描かれている。元は善良な鬼たちが主人公の優しさに触れ満足したかのように死んでいく姿は，「白ねこに愛され白ねこを愛したからこそ，生に満足したねこは二度と生き返らなかった」という小学生の発表とも類似している。

発表④が2作品の共通点から小学生に身近な現代の別作品を挙げ考えていることについては，「小中学生にわかりやすく」を意識したからこそであったと言えます。発表①についても，「受動」「能動」といった難しい言葉を小中学生に理解してもらうために説明を工夫しており，他者意識を持って発表した様子がうかがえます。

発表②からは，小学生のプレゼンが自分自身の考察のきっかけとなり考察を変容させていることがよくわかります。

発表③では大ヒットしていた曲を紹介し，また愛を詠った藤原義孝の和歌を挙げ，小中学生に和歌を身近に感じてもらおうとしていました。古典世界の妻問婚や和歌のやりとりの仕方を説明し現代との違いを丁寧に説明しながらも，その根底にある，情愛を歌にして伝えたい気持ちについて発表していました。

発表④で「竹取物語」の文学史上の意義に触れていたり，発表②で「竹取物語」原文に触れていたりというところからも，小中学生に古典の世界を垣間見てもらうきっかけになったのではないかと思います。

4 授業後アンケート（近大福山高校）より今回の授業を振り返って

全3回の協働授業のあと，フォームを用いて生徒たちに今回の授業のアンケートを試みました。

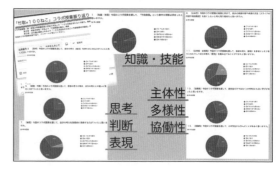

　校種（学年）を越えて学び合うという今回の授業によって、生徒たちの「主体性・多様性・協働性」の向上は、アンケートの自己評価を見るまでもなく授業中の様子にも顕著に現れていました。他者の考えを受け入れ批判しながら自分自身の考察に反映させること、また自分たちの考えをよりわかりやすく伝えたいという工夫において、「思考・判断・表現」する力も大きく飛躍させることができたのではないかと考えます。そしてそれらの項目は生徒たちの自己評価ももちろん高かったのですが、最も興味深かったのは、「知識・技能」についての質問「今回の授業を通して、『竹取物語』についての理解が深まったと思いますか」が、最も生徒たちの自己評価が高かった（「とてもそう思う95%」・「そう思う」５%）点です。生徒たちの感想には、考察の姿勢や発表の態度などについても小中学生から学んだことがよく示されており、他者と協働して主体的に学ぶことで「知識・技能」が高まる実感を持つことがわかりました。

（岡本　歩）

発展：非同期型　教室を越えた学び

　小中高での同期型協働授業の後、別の中学校と非同期型の協働授業をしました。まず、中学生が作った手描きの「竹取物語新聞」データを１枚１枚 Jamboard の背景として貼り付けてもらいました。そして高校生が、たくさんの記事の中から自分の考察を記すべき情報を探し出し、付箋に考察を入力しました（新聞の形式的なことへの感想はスタイラスペンで書き込みました）。学内アカウントのみでなく他の教育機関ドメインとのやりとりが可能になれば、学年・校種の枠を越えた双方向の協働授業はより身近なものとなります。

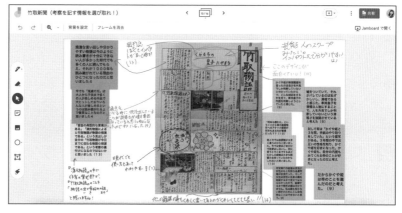

教科書教材から
平和学習へと広げよう

#中学校　#字のない葉書　#碑

1　授業の概要

　修学旅行で広島へ訪れることに関連させて，教科書教材から平和学習に発展させていく授業案です。教科書教材では主に「字のない葉書」（向田邦子）と『碑』（広島テレビ放送）を扱います。

　学習目標として以下を掲げています。
- 作品に対してクリティカルな態度を持って対峙し，考察することができるようになる
- 戦争に対して「かわいそう」で終わらない意見を持つことができる
- 多様な意見を受容し，自分の意見を継続的に再構築できるようになる

2　国語の教科書教材を使った授業の流れ

1〜2時間目　「字のない葉書」の読解

　教科書教材「字のない葉書」を通読します。初読の感想を Jamboard に出し合い，内容が似ている者同士でグループ化します。グループ化した中でも，見解が異なる点・疑問点を中心にディスカッションを行いながら読解を進めていきます。

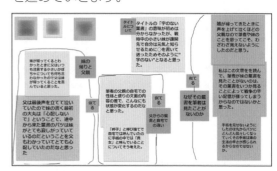

　本単元の目標として「戦争に対して『かわいそう』で終わらない意見を持つことができる」を掲げているため，時に戦争中と現代の生活を別元として考えてしまいがちな子どもたちに，戦争中にも今と変わらない人々の生活があったのだということを意識付けます。

3時間目　『碑』の読解と作品内容の追体験

　1・2時間目と同様初読の感想を共有し合ったあと，マイマップ機能を使って『碑』の作品に出てくる地名にマーカーを追加していきます。この作業をすることで，生徒たちは言葉だけでの作品読解ではなくなります。マップ上で登場人物たちの行動を追ってみたり，実際の距離を図ってみたりすることで，作品に描かれている内容を追体験することになり，内容への共感度が強くなります。

　まず，以下の操作手順を生徒に伝えます。例えとして，『碑』の作品前半で説明される「爆心地」「本川土手」「広島二中」「宇品」「己斐」「舟入」「江波」をマーカしてみます。

手順① ［Google Maps］を開く

手順② メニューから［マイプレイス］を選択

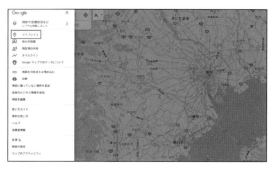

手順③ 表示された「マイプレイス」画面内，一番右側のタブの［マイマップ］を選択

手順④ 画面左下に表示される［地図を作成］をクリック

手順⑤ マイマップにタイトルをつける

手順⑥ マークしたい地点を検索

手順⑦ 検索された該当地点を「地図に追加」していく

手順⑧ 「個別スタイル」でマーカーの書式を変更できるため，必要に応じて変更する

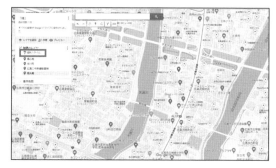

手順⑨ 完成

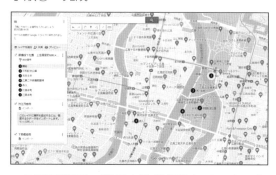

　同じ手順で，登場人物の行動もマーカーを付けながら追っていきます。地名が現在と変更している部分もあるため，インターネット検索を活用しながら，マーカーを付けていきます。

　登場人物の行動を追う際は，地点のマーカーが終わったら，最後にラインを追加するとよりわかりやすくなります。ラインを追加すると，地点同士を線で結ぶことができ，登場人物の行動が可視化されます。また，ライン

を引いたマーカー間の距離が表示されるため，作品内容がより現実味を帯びてくるようになります。

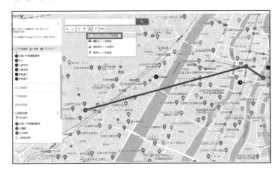

　各登場人物について，担当生徒（もしくはグループ）が作業をすると以下のようなマップができあがります。

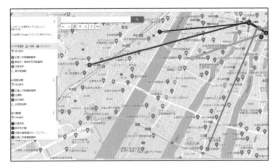

　この作業を終えた後に，担当した部分についての発表を行い，再度『碑』の感想を文章化します。

　マイマップでの作業を通した追体験により，初読時と比べて，戦争や原爆について，生徒たちはより切実に考えるようになります。この時点で，多くの生徒が他人事のように「かわいそう」とは表現しなくなっていました。

　また，作品内容について鵜呑みにするのではなく，実際はどうだったのか，分析し，それを基盤に読解していくクリティカルリーディングの態度を養成できると考えられます。

3　国語の教科書教材以外を使った授業展開

（1）『ヒロシマ』（John Hersey）

　教科書教材での学習が終わった後，『ヒロシマ』を読みます。この作品を採用する理由は以下の通りです。

①日本人以外からの視点で原爆について知る

②ノンフィクションであるという『碑』との共通点を持つため，『碑』で学んだ読解方法を応用する機会を設ける

③人物に焦点をあてて描かれているため，「字のない葉書」『碑』を通して深めてきた，戦争という状態のもとで生活していたのは，今の私たちと何も変わらない同じ人間だったのだ，という実感をより深めることができる

　「字のない葉書」『碑』は日本人が作者である点から，戦争や原爆に向けられる視点にはどうしても偏りがでてしまいます。今回は『ヒロシマ』を採用していますが，「原爆」という1つの事象に関して多様な視点を学べる教材を教師が用意することは，生徒の思考を深化させる上で有効ではないでしょうか。

（2）教科を越えた学び

　本授業に取り組む時期に併せて，英語の時間でも戦争や原爆について取り扱います。特にネイティブスピーカーの教師から，外国視点での戦争・原爆についての意見を提示してもらいます。例えば，「原爆投下は仕方がなかった。そうしなければ戦争が終わらなかったから」といった意見です。

　社会の授業でも第二次世界大戦について取り扱ってもらうなど，文学以外の視点から戦争・原爆について考える環境を構築します。

他教科の授業での生徒の様子を実際に見ることはできなくても，Classroom に関係する教師を招待しておいてもらうことで，授業内容の共有や生徒の学習内容の共有も簡単にできます。

このような教科横断的な学びを実現することで生徒たちがより多角的な視点から，戦争・原爆についての考察ができる環境を提供できるのではないでしょうか。

（3）学年・学校を越えた学び

ICT を使うことの利点の1つに，共有がしやすいということがあると思います。例えば，本授業で学んだことの最終アウトプットを，スライド作成やサイト作成とすれば，教師がその作成物のデータを保管していさえすれば，次年度の生徒への教材として今年度の生徒たちの作品を提示することができるようになり，学年を越えた学びも容易に可能となります。それだけではなく，作成物を共有することで，校内のみならず他校との意見交換も可能になります。

4 おわりに

上記以外にも，学習に有効なツールがあります。Google Arts & Culture には広島平和祈念資料館にある資料がデジタル化され公開されています。ICT は工夫次第で時間も場所も状況も越えて学ばせてくれる。そんな可能性を感じています。　　　　　　　（祐源　愛）

COLUMN

Google Earth のコンテンツ作成ツールで
オリジナルのインタラクティブストーリーマップをつくろう

Google Earth の Voyager は，2017年に公開されて以来，さまざまな有名作家，科学者などによるガイド付きツアーや，BBC，セサミストリート，NASA などが参加して素晴らしい航海（Voyager）が発表されてきました。

美しい Google Earth のマップと高精細な画像，興味深いストーリーが織りなす魅惑の世界が繰り広げられています。クイズ，ストリートビュー，文化，教育などのカテゴリに分かれており，いつまでも見ていられます。Google Earth の授業をする際には，一番最後に紹介します（授業にならなくなってしまうので）。

これを見てしまうと，次に思うことは，「自分の Voyager を作りたい！」ということでしょう。2019年にその夢はついに実現することとなります。新しく公開された「コンテンツ作成ツール」は，テキスト，ストリートビューや Google Earth の3D ビュー，360度カメラで撮影されたビデオや画像を使って，自分だけのオリジナルストーリを作成することができます。直感的に操作が可能で，Chromebook だけで作成できるのは，大変魅力的です。

地理の授業ではもちろんですが，国語の授業では「奥の細道」や伊勢物語の「東下り」を使って，芭蕉や業平の辿った道のりを，歌と映像とともに紹介するなど，インタラクティブで没入型の教材を作成することができます。

みなさんも，ぜひチャレンジしてみてください。　　　　　　　（遠島　充）

短歌の魅力を
Web 会議システムで
世界に向けて発信しよう

＃小学校　＃読むこと

1 授業の概要（教室を越えた学び）

コロナ禍で，多くの留学生が帰国を余儀なくされました。留学生との交流の経験をもつ子どもたちに教師は，ベルギー，アメリカ，オーストラリア，韓国の４カ国の留学生と時差に注意しながら，Web 会議でつなぎ，「留学生にできることはないか」を話し合いました。

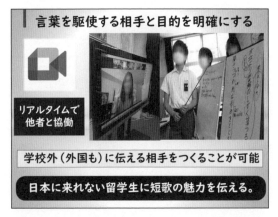

その中で，これまでの国語科で学習をしていた「短歌」を通じて学び合うことが話題にのぼりました。子どもたちは短歌ならば，日本の美しい情景や昔の人々の考え方など日本の伝統的な文化や自然の美しさを伝えることができるかもしれないと考えたのです。しかし短歌をどのように英訳して伝えるかという課題が立ちはだかりました。

2 同時編集でつくる学習計画

このような子どもにとっての学びの文脈の中で，本単元の学習課題として，「コロナ禍で帰国を余儀なくされた英語圏からの留学生に，日本の四季の美しさを伝える短歌の解釈について考えを練り上げ，発信しよう。」をつくりあげることができました。そして，この学習課題を解決するための学習計画を子どもたちとつくることにしました。

○指導案上の学習計画

①四季を詠んだ短歌の中から解釈をして伝えたいと思うものを選ぶ。
②使われている平易な古語のイメージを現代語で広げる。（時には絵に表してみる。）
③現代語で広げた言葉の解釈から四季の美しさが伝わる解釈を選ぶ。
④翻訳機能で英訳して留学生に伝え，どのような意味や短歌の魅力として伝わったのかを確かめる。
⑤留学生から感想をもらい，学習への充実感を感じるとともに，本単元で身につけた言葉の力を整理する。

この学習計画を作成する上で大切にしたのは，学習の進捗に応じて，子どもが学びの舵取りを行えるようにすることです。そこで，

この学習計画をスライドで作成し，同じ短歌を選んだ子ども４人程度ずつのグループで同時編集機能を使いながら，進めていくことにしました。学習計画においてスライドの同時編集機能を活用する際のポイントは２つあると考えます。

　１つは，教師がどこで同時編集をさせると学習効果が高いのかを見極めて提示することです。そのために，協働する必然性をつくりだすことが大切です。今回は，短歌の意味を解釈して発信する学習過程であったため，同じ短歌を選んでいる子によるグループで学習計画をつくるところに最も協働の必然性があると考え，そこで実施しました。毎時間最後の５～10分を計画の見直しと本時で気づいた言葉の力の整理として時間を確保しました。

協働の場の設定と時間の確保を十分にする
同時編集による協働
距離を保ちながらもグループワークの充実が可能
協働する必然性をつくった上で活動する。

　２つは，書き込みの視点を明らかにした上で，子どもたちに思い切って任せてみることです。１時間目は，「課題の解決に向けた問いづくり」，２～５時間目は，「短歌を解釈する中で気付いた言葉の面白さや解釈のこだわり」など書く視点を明らかにします。さらに１文，キーワードなど，どのようなレベルの言葉で書くのかも伝えるとわかりやすいです。あとは，子どもたちに任せてみます。同時編

集には，学習規律がつきものですが，それよりも，教師が「同時編集のよさって何だと思いますか。」「どのようなところで同時編集が使えそうかな。」と問いかけてみると子どもたちが少しずつ学びの舵取りをし始めると考えます。下図は，あるグループがつくりあげた学びの地図です。

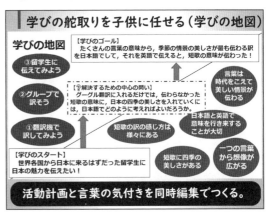
学びの舵取りを子供に任せる（学びの地図）
学びの地図
【学びのゴール】
たくさんの言葉の意味から，季節の情景の美しさが最も伝わる訳を日本語でして，それを英語で伝えると，短歌の意味が伝わった！
①留学生に伝えてみよう
②グループで訳そう
①翻訳機で訳してみよう
【学びのスタート】
世界各国から日本に来るはずだった留学生に日本の魅力を伝えたい！
【？解決するための中心の問い】
グーグル翻訳に入れるだけでは，伝わらなかった短歌の意味に，日本の四季の美しさを入れていくには，日本語でどのように考えればよいだろうか。
言葉は時代をこえて美しい情景が伝わる
短歌の訳の感じ方は様々にある
日本語と英語で意味を行き来することが大切
短歌に四季の美しさがある
一つの言葉から想像が広がる
活動計画と言葉の気付きを同時編集でつくる。

３　翻訳機能による短歌の解釈

　本単元の中心である短歌の解釈の実際について述べます。子どもたちは，まず，教科書掲載の４つの短歌から，四季の美しさを伝えるべく，１つを選んで訳していくことにしました。

　次に，翻訳機能に短歌をそのまま入力して，英訳で出てきた言葉を伝えることにしました。（翻訳機能は，古文も見事に英訳できます。）そしてWeb会議でその意味を紹介してみました。すると，留学生からは，「何か違う。」という反応がありました。つまり，翻訳機能は，短歌のような１つ１つの言葉に意味が凝縮されたものの場合，暗示や表現主題などの行間や解釈が訳せないことがあるのです。そこで，子どもたちにあえて「翻訳機能の訳を

そのまま伝えたら簡単ではないですか。」と問いました。すると子どもたちは、「そのままじゃだめ。1つの言葉から情景の想像をたくさん広げて、その後、四季の美しさが伝わるような日本語は何かを選んで英語に訳さないといけないと思います。」と述べ、グループによる解釈が始まりました。

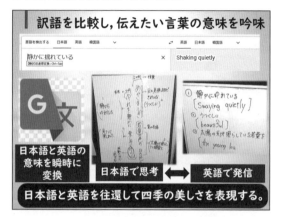

あるグループは、島木赤彦の「めざましき若葉の色の日の色の揺れを静かに楽しみにけり」の解釈に取り組んでいました。このグループは、短歌の中の夏の季節を表す「若葉」を「young leaf」と訳しては、夏の美しさが伝わらないことに気付きました。そこで、「日の色」という言葉に着目し、「太陽の光の明るい色に照らされる若葉の方が伝わると思う。」というように解釈を結論付けました。その間、グループで何度もホワイトボードに解釈の可能性を日本語で広げ、四季の美しさが伝わる解釈に絞り込み、翻訳機能で英訳する活動を繰り返しました。この学習では、Web 会議で常に留学生とつなぎ、できあがった短歌の英訳をリアルタイムでその解釈とともに伝え、留学生からの感想やフィードバックをもらいながら進めていきました。

4 ポートフォリオとして蓄積

単元の終末に「言葉の力を駆使した瞬間とその理由」を視点にスライド1枚にポートフォリオを作成し、Classroom で学級全体に共有しました。

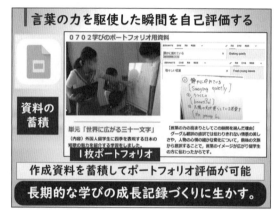

このポートフォリオは、子どもたちの個性溢れる言葉の学びの記録ができます。活動の様子の写真や解釈した言葉のスクリーンショットを、資料に100字程度で記述しました。子どもたちには、学習ノートやホワイトボードなどの写真をいつでも撮影してよいことを伝えて、教師が撮影した写真も、Googleフォト™を学級全体で共有することで、いつでも選べるようにしました。単元を越えた長期的な自己評価をする際にこれらの資料の蓄積をそのまま活用することができます。

5 本質×特質がもたらした成果

改めて ICT の活用において重要なことは、「C」（コミュニケーション）の喚起だと考えます。本単元においては、コミュニケーションを喚起するために、国語科の本質（相手や

目的に応じた言葉の解釈や表現）とICTの特質（共有や公開・発信など）を掛け合わせた単元づくりを緻密に行いました。それらの視点における本単元の成果は，3つ考えられます。

　1つは，Web会議システムによってコロナ禍においても，教室を越え，国境を越えて具体的なコミュニケーションの相手と目的をつくることができたことです。これは，アフターコロナの社会においても有効な「C」の可能性です。国境を越える学びによって，子どもが言葉を吟味する必然性を高め，本気の課題解決の学習をつくりだすことができました。

　2つは，同時編集機能によって，学習計画と振り返りが充実できたことです。特に計画を具体化するときに，同時編集機能によって互いの考えを参考にしたり補い合ったりしながら進めることができました。スライドの表現物は，ポートフォリオの資料として蓄積ができるので，長期的な自己評価を行う上でも有効でした。

　3つは，翻訳機能によって，瞬時に出てくる直訳的な訳語とグループで練り上げた意訳的な訳語の比較ができたことです。その結果，短歌の1つ1つの言葉から情景のイメージを膨らませたり，よりよい解釈に絞りこんだりと言葉への気づきを研ぎ澄ます学習ができました。今後，翻訳機能は，利便性だけでなく，日本語と英語を往還する学習として，さらに可能性が広がると考えています。

（大村拓也）

COLUMN

Google Workspace for Educationの国語授業における縦書き問題

　国語科の学習指導案の多くが横書きになっています。「ごんぎつね」や「羅生門」をワープロで教材を作成する場合も，プリントアウトの書式が縦書きだとしても，ディスプレイでは横書きで作業をする人が珍しくありません。国語教師のノートも，意外と横書きが多いようです。

　Googleドキュメントで共有し，コメントをつけ合いながら読み解く学習の面白さを体験すると，テキストが横書きであることはあまり気にならなくなります。それでも「国語は縦書き」という「常識」を覆すことはなかなか困難です。「Google Workspace for Educationが縦書きに対応してくれたら…」という思いを抱く方は多いのではないでしょうか。

　Jamboardの背景に縦書きテキストを挿入したり，Kamiアプリのような拡張機能で縦書きの手書き文字を導入することはできます。でも，ドキュメントやスライドで縦書きを使うことはできません。Google社が，突然縦書きに対応するという可能性も皆無ではないですが，今のところ（2021年10月現在）その気配はありません。

　できるとすれば，最後のアウトプットだけ，デジタル出版ツール「Romancer」やデザイン公開ツール「Canva」などの縦書き対応のクラウドアプリにゆだねることでしょうか。どちらも無料版でも十分。国語授業のアウトプットの可能性を大きく広げてくれます。

（野中　潤）

クラウド上での情報共有を通して，児童生徒の学びやすさを支援しよう

#小学校　#書くこと

1 Chromebook は児童生徒の「学びやすさ」を支援する

　本実践では，身の回り（委員会活動や，当番活動など）での課題を見つけ，情報を集め，情報を整理して，提案文を作成するという学習過程を辿ります。それらの過程において，Chromebook および Google for Education のアプリケーションを活用することによって，他者の成果物を参照することを促したり，学習活動の頻度を高めたりすることが可能になります。「児童生徒の学びやすさ」が支援され，「書くこと」の目標，本単元の目標にせまりやすくなります。

2 情報の共有と蓄積で学びやすさを支援する

　本単元における目標は「筋道の通った文章となるように，文章全体の構成や展開を考えること」です。そのために，「事象を説明したり意見を述べたりするなど，考えたことや伝えたいことを書く活動」を行います。提案文の構成や作成した文章について伝え合う活動を通して，提案文の質を高めるために，Jamboard やドキュメントを活用しました。

　まず，コロナウイルス感染症対策に関する提案文を書くという課題を提示しました（図1）。課題や本時の学習過程，学習内容について共有するときには，Google Classroom を活用しました（図2）。Classroom 上に学習に関する情報が常に残っていることで，児童はいつでもこれまでの学習に立ち返ることができます。また，欠席した児童もその日の学習を確認することができます。

パフォーマンス課題
みなさんは感染症対策の専門家です。この後の流行拡大に備えて，春日井市の専門家会議に呼ばれました。コロナに対して油断しているかもしれない小中学生に対して，予防を促す提案文を作成します。 「時計の時間と心の時間」で学んだ『構造化する』こと、『多面的にみる』こと、『比較する』ことを活用して、説得力のある文章を作りましょう。

図1　提示したパフォーマンス課題

図2　Classroom への情報の提示

次に，提案文の内容についての情報を収集させました。基本的にはインターネットのHPから情報を集めさせました。情報がわかりやすく示されているHPを見つけたら，Google Chat™で共有しました。そうすることで，適切な情報（情報の出どころの信頼性および読み取りやすさの点で）に多くの児童がたどり着くことが可能となります（図3）。

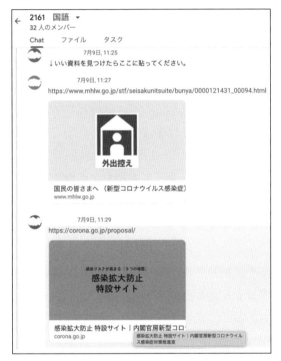

図3　Classroom への情報の提示

3 共同編集機能を活用して分担することで，学びやすさを支援する

集めた情報を整理して，提案文で伝えたいこと（主張）を決めます。Jamboardを活用しました（図4）。1学期ということもあり，グループで1つの提案文を作成することとしました。グループの1人がJamboard

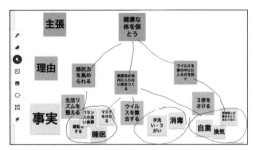

図4　Jamboard で作成した構成

を作成し，グループのメンバーに共有しました。まず，集めた事実をJamboard上に列挙しました。次に，集めた事実をもとに主張と理由を考えさせました。その中には，理由を考えてから，主張を決定するグループ，主張をあらかじめ決めた上で，理由とそれを支える事実を構成するグループがいました。

最後に，自分のグループの提案文の構成を伝え合う活動を行いました。グループで完成させた構成を伝える相手と共有させました。グループのメンバーは自分1人で違うグループの児童に，自分たちのグループの構成を伝える必要があることを伝えました。これまで構成を伝え合う活動を行うときには，提案文の構成をホワイトボード等に書いてグループ同士で伝え合っていましたが，今回は自分たちのJamboardのデータを相手に渡し，個人同士で伝え合う活動をさせることには，以下の点で効果的だと考えられます。

1）絶えずJamboardを修正しながら伝え合うことができる，
2）共有された相手のグループのデータを伝え合う活動が終わった後も参照できる
3）自分がグループの提案文の構成を伝える必要がある

こうして，自分ごととして捉えさせること

ができるのが魅力です。

④ 他者に提案文を共有することで，推敲する機会を支援する

自分たちのグループの構成の伝え合いや修正が終わったら，提案文を書かせました。そこでは，ドキュメントを活用しました。先ほどのJamboardと同様に，グループで1つのドキュメントを共同で編集します。「はじめに」はAさんが，「理由の①」はBさんが，「理由の②」はCさんが，という方法で分担することが可能になります。これまでは教科書に示されている例文を参考にしながら，提案文を作成していましたが，ドキュメントの共同編集機能を活用して，各場所を分担しながら書くことは，以下の点で効果的だと考えられます。

1）他者の書き方を真似することができる。
2）他者の誤字脱字等に気付いたらすぐに指摘・修正することができる。

また，提案文が書き終わった際にも，3の構成を伝え合った時のように他のグループと交流する活動を行いました（図5）。そこでは，ドキュメントのコメント機能を活用しました。構成を交流し合う際には，個人同士で伝え合いましたが，今回はグループ同士でコメントをし合うよう，ドキュメントを共有しました。1人1台端末が整っていない状態では，グループ同士で文章を読み合い，推敲する活動を行う場合には，文章を印刷したもの（手書きであれば書いた文章）を交換して，コメントを書き，それを踏まえて書き直すという流れがありましたが，ドキュメントの共有で，すべてクラウド上で完結させることが可能となります。さらに，家庭学習との連携も可能です。持ち帰りが日常化していれば，作成した提案文を保護者に読んでもらい，さらなる修正を行うことが可能になります。共有が容易にできることで，保護者や地域の方などとの関わりが生まれやすくなるでしょう。

⑤ 他の教科・単元でも似たような学び方で

ここまで，学びやすさを支援するためにClassroomをはじめとしてさまざまなツールを活用してきましたが，紹介した国語科の単元で初めてツールを活用していては，使い方の説明に時間がとられ，国語科の学習を支援することにはつながりません。そのため，授業以外の場面から活用し始め，他の教科でも活用していくことが大切です。例えば，毎日の振り返りや日記をノートに書かせていたところを，ドキュメントに置き換えたり（図6），朝の体調の様子をスプレッドシートに

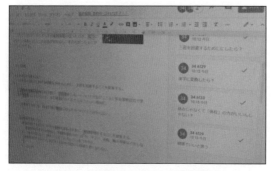

図5　提案文にコメントし合う様子

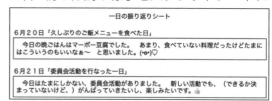

一日の振り返りシート

6月20日「久しぶりのご飯メニューを食べた日」
今日の晩ごはんはマーボー豆腐でした。　あまり，食べていない料理だったけどたまにはこういうのもいいなぁ～　と思いました。(•ө•)♡

6月21日「委員会活動を行なった一日」
今日はたまにしかない，委員会活動がありました。　新しい活動でも，（できるか決まっていないけど，）がんばっていきたいし，楽しみたいです。👍

図6　ドキュメントを活用した振り返り

入力させたりするとよいでしょう。これらの活動によって，基本的な活用スキルを身につけさせた上で，授業での活用が円滑に進むことになると考えています。

また，本単元で習得したスキルを，他の教科，単元でも活用するということも重要な視点です。理科の実験結果や，テストや小テストの結果等をスプレッドシートに入力させたりするとよいでしょう。社会科でも学習内容をわかりやすく伝える新聞を作成する際に，同様の流れで作成させることができます。2回目，3回目の活動になると，児童は教師が指示しなくともJamboardで構成を行い，ドキュメントやスライドを用いて新聞を作成することが可能になります。

6 おわりに

Google Workspace for Education のさまざまなアプリケーション，とりわけ情報共有の核となる Classroom や Chat を活用した学びの変容について述べてきました。提案文の構造をわかりやすく可視化するために活用した Jamboard，共同編集機能を活用して修正を容易にしたドキュメントは，これまで私たちが行なってきた指導を置き換えているに過ぎません。しかし，置き換えることによって共有しやすくなったり，修正しやすくなったりして，学習活動の頻度が高まります。

手書きかデジタルか，の二者択一に陥るのではなく，児童が学びやすくなるか，学び続けられるようなスキルや態度を身に付けられるか，という視点で1人1台端末を活用して児童の学びを絶えずアップデートしていく必要があるでしょう。 （久川慶貴）

COLUMN

グループウェアによる対話と協働― Google Chat で「打ち言葉」を学ぶ

　高等学校の新科目「現代の国語」の複数の教科書に，「打ち言葉」という教材が収録されています。文化庁が2018年3月に出した『分かり合うための言語コミュニケーション（報告）』の中で取り上げられたことで広く認知されるようになった比較的新しい概念で，そこでは「話し言葉の要素を多く含む新しい書き言葉」と定義されています。

　「森井教授のインターネット講座 最新版（2003年12月22日掲載記事）」という古い用例を見ると，スマホ登場以前でもあり，パソコンによる電子メールでの言語運用が想定されていますが，現在では短いテキストのやりとりをするチャットのようなコミュニケーションツールでの言語運用がイメージされます。物理的なキーボードではなく，スマホのフリック入力で短い応答をくり返し，合意を形成し，具体的なアクションへとつなげるような言語運用です。

　ベンチャーと呼ばれるような新しい業態の企業では，電子メールでの合意形成よりも，Google Chat のようなグループウェアによる意思の疎通や合意形成が重視されるようになっています。話し言葉とも書き言葉とも異なる特質がある「打ち言葉」の運用能力を高めるには，これまでとは異なるアプローチが必要です。だとすれば，Google Chat を活用した単元開発は，これからの国語授業にとって重要な課題となるでしょう。 （野中　潤）

デマを捕まえろ：メディアと上手に付き合うために

中学校　# 読むこと　# 情報の扱い方

1 授業の概要

　教科書教材から発展し，メディアリテラシーの学習につなげる単元です。さまざまなメディア等の特性を理解した上で，新型コロナ禍で噴出したデマを調べていきました。まとめとして「メディアとの付き合い方三ヶ条」を作成，それをゲストティーチャーに読んでもらい，講評を聞きました。

　ICT を用いることで，学びの手立てがどのように変化したのか，ICT を用いない場合の授業づくりを Before，今回の授業を After として示します。

単元の目標
● メディアの特性を理解し，情報を吟味するための視点を得ることができる。〔知識及び技能〕情報の扱い方　中3（イ）

● メディアとの付き合い方について情報収集，整理して適切な情報を得て，考察することができる。〔思，判，表〕中2C（イ）
● メディアとの付き合い方について，学習内容を生かして今後の指針を得ようとする。〔学びに向かう力，人間性等〕

2 授業の流れ

［1時間目］
Before：初発の感想はノートに書き込む→教師がまとめて全体に共有
　　↓
After：ドキュメントでコメント入力・共有＋内容理解をフォームで小テスト

　まず教科書教材「メディアと上手に付き合うために」（光村図書）を通読しました。そして同じ文章をドキュメントに書き起こし「コメント可で共有」をしてクラス全員で感想や意見を書き込む時間を取りました。

　さらに内容を確認する小テストをフォームで行い，内容理解を確かなものにしました。このフォームのテストは事前に問題を配付して予告しておき，各自で練習をした上で，次の時間にテストをする形にしました。問題が事前に示されているので，生徒は満点に近づくように何度も解き直す姿が見られました。

[2時間目]

Before：グループでホワイトボード・付箋等を用いて比較分析

↓

After：グループでスプレッドシートを共有し比較分析

　教科書教材の筆者，池上彰氏の分析を参考に，新聞・テレビニュース・ネットニュース・その他，各自で設定したメディアを比較する活動に取り組みました。4人グループでスプレッドシートを共有し「速報性」「詳細さ」「信頼性」と，その他各自で設定した観点の4つで分析をしました。

　（下写真はマトリックスの一部）

	新聞	テレビニュース	ネットニュース
速報性	一日一回（二回）なので，情報はあらかじめ決められた時間にしか流れないため，速報性は劣も「号外」等が配られることもある。	新聞よりは情報のスピードは早いが，ニュースの時間などが決められた時間帯にしか伝えられないことが多い。（臨時ニュース以外）	24時間更新している唯一のメディア。記者が書いたら即座に発信できる。ライブ動画などもあるため，最もスピードは早い。
詳細さ	言葉が中心だけど，より詳しく分析した記事や書籍（社説）などを掲載することがある。	言葉以外の内容も映像で具体的に伝えることができる。	詳しい情報や，ざっくりした情報などさまざまある。映像なども送信できる。
信頼性	新聞社多くの人が関わっているので，誤報はめったにないはず。ただし，「編集」が加わるため，情報が適切に伝わらない可能性もある。	テレビ局の多くの人が関わっているので，誤報はめったにないはず。ただし，「編集」が加わるため，情報が適切に伝わらない可能性もある。	悪意を持った人が過去の情報を流すこともある。誰が書いているわからない場合も多い。
保管	紙が劣化しない限り保存することが可能。後で見返すのがかんたん。	録画していないとそのまま流れていってしまう。見逃し・再生するためにはレコーダーが必要で，困難。	ネットの場合，いつの間にか削除されたり，書き換えられていることもある。保存する場合はスクリーンショットなどをすることが必要。

[3〜5時間目]

Before：事例は付箋に書き出す／紙でポスター制作をする

↓

After：Jamboardを用いて付箋に書き出す／ポスターはスライドで制作する

　コロナ禍で噴出したデマについて，4人グループに分かれて分析していきます。

　まず，NHK for Schoolの「メディアタイムス」の「身につけよう！メディア・リテラシー」の回を全体で視聴。そこから，コロナ禍で見聞きしたり，調べて新たに知ったデマ・フェイクニュースについてグループで調べていく活動に広げていきました。

　まずはJamboardをグループで共有し，デマのニュースなどを探し，その内容とリンクを付箋に書き出していきます。

　「コロナはお湯を飲むと治る」「アルコールや漂白剤を注射することが有効」など，あっという間にさまざまなデマが集まりました。

　Jamboardに集められた事例から，最も影響が大きかったものを1つ選び，それをグループでさらに細かく検討していきます。

　グループで以下の観点で分析したポスター（掲示物）を制作していくこととしました。

【ポスターの項目】

1　デマの概要
2　ファクトチェック
3　デマの影響
4　教訓
5　調査に使った資料

なお，ポスターはスライドを活用して作成しました。共同編集の設定にして，1枚のポスターを同時に4人がアクセスして作成することができるようになっています。

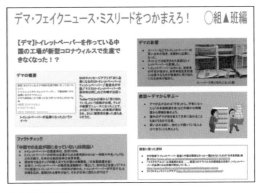

[6時間目]

Before：クラス全体への課題は板書する

↓

After：クラス全体への課題はClassroomで提示する

グループで作成したポスターを使ってクラス全体で発表し合い，成果を共有しました。

　最後に，これまでの学習を振り返り，メディアとどのように付き合っていけばよいか，最も重要なものを3つにしぼり，「メディアとの付き合い方三ヶ条」を考え，その解説を書いてまとめとしました。

　Classroomには次のような「課題」を提示しました。

> 「メディアとの付き合い方」三ヶ条と，その解説を書いてください。
> 　これまでの学習を振り返って，メディアとどのように付き合っていけばよいか，最も重要なものを3つにしぼって考えましょう。
> 　三ヶ条とともに，他の中学生に説明するつもりで，下に三ヶ条についてそれぞれ解説文を書いてください。

【「メディアとの付き合い方三ヶ条」例】
●情報を鵜呑みにしない
●メディアの特性を理解する
●信頼できる情報源のものを使う
●間違った情報を拡散させない
●人を傷つけるような発信はしない　　など

［7時間目］ゲストティーチャーによる授業
Before：ゲストティーチャーを実際にお招きする
　　　　↓
After：ゲストティーチャーとオンラインでつながる

　玉川大学教授で，元読売新聞の記者でもあった中西茂先生をお呼びし，リモートで特別授業を行うことにしました。

　事前に生徒の「メディアとの付き合い方三ヶ条」に目を通し，それについて講評を述べていただくとともに，中西先生の経験や見解を述べる形で進めました。なおこの講話は授業前にZoomで授業者と対話したものを収録し，編集をしたものを教室で視聴しました。

　授業では画面越しに，しかもリアルタイムではない映像を40分ほど視聴する形になります。生徒の集中力が途切れないか心配でしたが，それは杞憂でした。授業の文脈に位置づけられた，生徒にとって価値ある話題なら，たとえ動画でもしっかり生徒は耳を傾けます。オンラインでゲストティーチャーを招く授業の可能性を感じました。

【中西先生のリモート授業から】
中西先生の三ヶ条
　　1　情報を鵜呑みにしない
　　2　情報源・発信源を確かめる
　　3　複数のメディアで比較する
※その他，ポイント
●「情報を鵜呑みにしない」で，さらにそこからどう行動するかが大切。
●「いつ発信したか」が曖昧な情報は当てにならない。
●編集とミスリード，印象操作は違う。
●メディアは媒体。事実をそのまま伝えるものではない。

生徒はこれまで，授業ではメディアからの情報を「受け取る」立場で捉えてきました。しかし，情報を「発信する」立場のものの見方や意見に触れることによって，これまでの自分の見方が大きく揺さぶられることとなりました。

本単元ではWebでの調べ学習やリモートでのゲストティーチャーの講話など，さまざまな情報収集の手立てを組み込みました。また，個や共同で，Jamboard，スライド，スプレッドシート，ドキュメントといったさまざまなツールを活用し，多様な情報を編集して自らの考えをまとめ上げていました。

ICTを活用した学習では，受信・発信するメディアが多様化し，やり取りし合う情報量が爆発的に増加していきます。社会に開かれた国語授業とは，そのような甚大な情報とどのように向き合っていくのかに具体的なツールや手立てを示すことであると言えます。学習者が大量の情報を読み解き，再構成していく際には，学習活動を貫く大きな「問い」が不可欠となるでしょう。それが，これからの国語の授業の成否を分ける，大きなポイントとなるのではないかと考えます。

（渡辺光輝）

COLUMN

提出物の独自性チェック—デジタルだからこそできる不正行為の防止

　テキストにリンクを埋め込んだり，スライドに画像を挿入したりする時に，Web検索機能との連携が威力を発揮するところに，Google Workspace for Education の強みがあります。さまざまなコンテンツを横断的に検索することで，情報の活用可能性が飛躍的に高まります。そうした検索エンジンとしての Google の強みを感じさせる機能のひとつに，Google Classroom に組み込まれた「独自性チェック」があります。

　教員が課題を出す時に「盗用（独自性）を確認する」にチェックを入れることで利用可能になります。提出されたレポートが，コピペでパッチワークをした盗用だった場合，立ちどころに露見します。提出前に，児童生徒

が自分で独自性をチェックすることも可能です。無料版では検証できる件数が限られてしまいますが，クラウド上での学習管理システムの面目躍如たる機能であり，高等教育を中心に，利用する教育機関が増えていくことが予想されます。

　盗用や流用で課題をこなすことを覚えた児童生徒は，社会に出たらきっと同じような不正行為に手を染めてしまいます。そういう大人を増やさないためにも，「独自性チェック」のような機能を抑止力として有効に使うことを考えるべきではないでしょうか。

（野中　潤）

「コロナの時代を
どう生きていくか」を
考えよう

高等学校　# 全領域

1　単元立ち上げ

2020年7月，参加賞狙いで，地元の新聞社の感想文コンクールに高校2年のクラスで取り組みました。半数はコロナ関連の新聞記事についてでした。あどけない笑顔で日常を過ごす生徒たちの書いた文章には，感染したら部活の全員に迷惑をかけるという恐怖心や不安，部活の大会が中止になった無念さ，やりきれなさなど，自分の置かれた状況についてコロナ関連記事を読んだことに触発されて，自ら再認識し，書くことによって改めて自分の苦しみに向き合っている姿がありました。また，コロナ感染に関わる誹謗中傷記事に心を痛めたり，医療従事者に心ない言葉を浴びせる人に不快感を覚えたり，新聞記事を契機に，今の社会に対する疑問や怒りを感じる生徒もいました。そこで「彼らと今の社会をと

もに見つめてみよう」と考え，単元「コロナの時代をどう生きていくか」を立ち上げることにしました。

2　単元の構造と使用アプリ

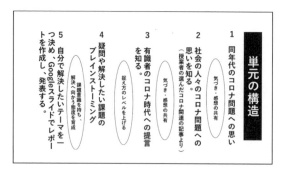

1　クラスメートのコロナ関連記事6編とその感想文を読んで，感想や気づきを書く。
　　　　　　　　　　[フォーム・スプレッドシート]
2　授業者の選んだコロナ関連の記事を8編読んで，感想や気づきを書く。
　　　　　　　　　　[フォーム・スプレッドシート]
3　コロナ時代の生き方について提言をしている有識者の記事を6編与え，1編選んで内容の要約と気づき，感想を書く。
　　　　　　　　　　　　　　　　[ドキュメント]
4　疑問や解決したい課題をお互いに出し合う。　　　　　　　　　　　　[Jamboard]
5　自分で解決したいテーマを1つ決め，今までの記事や，ネットで検索した情報から，「コロナの時代をどう生きていくか」についてレポートを作成し，発表する。
　　　　　　　　　　　　　　　　　[スライド]

3　様々な新聞記事を読む

まずは，クラスメートの選んだ新聞記事と

その感想を2編ずつ，3回，合計6編読ませました。その都度，フォームに気づきや感想を入力させ，スプレッドシートで書き出し，名前を非表示にして読み合いました。こうすることによって，生徒の記述自体が学習材となっていきます。同じクラスの友人が，コロナによって日常を奪われ，苦悩したり，乗り越えようと努力したりしているのを知り，自分自身の中に改めて同じような思いがあったことに気づかされ，共感したり，励まされたり，揺さぶられたりと，言葉によって，状況を認識し，思考を深めていくのです。

入力したものがすぐにフィードバックされて共有されるということは，生徒の思考の流れを阻害せず，思考のスピードも促進してくれるため，あえて授業者がコメントを挟まなくても，どんどん思考が深まっていくことになると思います。

そして，書き出したスプレッドシートを編集可能にしておけば，コメント機能を使ったり，またはセルに直接打ち込んだりして，さらなる意見交換もできるのではないでしょうか。

コメント機能を使用したサンプル

4 さらに読み広げていく

次に生徒の理解を広げるため，自分たちの

生活の中だけでなく，社会で生きている人々は，どんな思いなのかを知るために，授業者の方でセレクトした新聞記事を2編ずつ3回，合計6編読ませ，その都度フォームで気づきや感想を入力させ，スプレッドシートに書き出して，シェアしていきました。

以上の取り組みは，通常の授業と平行して，いわば「サイドメニュー」として行ったため，新聞記事について，気づきや感想を話し合ったり，発問して深めたりという活動は取り入れていません。ICTを活用すると，「サイドメニュー」扱いができ，通常の授業の中で単発的に扱いたいテーマがある場合など，プリントを配る時間やコメントを回収して印刷して配る時間が短縮され，非常に効率的に展開でき，授業のあり方にも新しい可能性が生まれます。

5 有識者の文章を読む

さらに，次の段階では，「どう生きていくか」のヒントとなる文章を読ませようと考えました。そのために，さまざまな分野で活躍している有識者の文章を読ませました。時代の先端を生きている人の視点を持たせたかったのです。生徒にとっては少し難しい文章ですが，なるべく平易な表現を用いているものを6編選びました。宮田裕章氏，藻谷浩介氏，福岡伸一氏，ユヴァル・ノア・ハラリ氏などです。分野が重ならないように選び，多様な生徒の興味や関心に対応できるように配慮しました。最近はWebで記事が載っていることもあり，情報を集めやすくなっています。

6編のうち，1編を選んで，書いてあるこ

とを自分の言葉で要約させ，それについてどんなことを考えたかをドキュメントで書かせました。ちょっと難しい文章ですので，精読を要求しないことにして，概略をつかむだけでよいことを伝えました。授業では精読をする傾向がありますが，大まかに読むという機会も必要なのではないでしょうか。

Classroom で課題として配信すると，授業者のドライブ内のフォルダに，提出フォルダが作成される（フォルダ名は Classroom で配信した記事のタイトル）ので，そのフォルダを共有設定にして，リンクを取得し，生徒にリンクを知らせると，クラスメートの作品を読むことができます。

生徒は，クラスメートの作品はよく読みます。6編の有識者の文章を真っ正面から読むことは難しいですが，クラスメートの書いた文章には興味津々です。これも教室で学ぶことの大きなメリットで，それを最大限に引き出してくれるのが ICT なのではないでしょうか。

6 テーマ設定をする

次に，疑問に思ったことや考えてみたいことを Jamboard に書き出させました。いろいろなアイデアが出ました。現実には，1枚の Jamboard を40人で使うと動作が重くなるので，10人で1枚という配当が適切だと思います。出てきた疑問，考えてみたいことを授業者の方で整理したのが以下の図です。今回は時間の関係で授業者の方でまとめましたが，生徒にさせても思考力の育成になると思います。

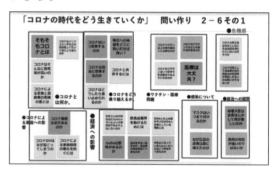

これを見て疑問点を共有し，いよいよ今回の「コロナの時代をどう生きていくか」のテーマを各自で設定する段階に入りました。ここまで来ると，何のテーマに取り組むか，ある程度各自の中でイメージできており，テーマを選ぶことに悩んでいる生徒はいませんでした。

7 スライド作り

いよいよスライド作成です。「1　タイトル・名前，2　動機・目的，3　テーマの定義・状況・問題点，4　データや資料などの分析，5　考察，6　まとめ，7　参考文献・リンク」という項目を書き込んだひな型のスライドを教師の方で作成し，それを Classroom で課題として配信します。[コピーとして配信する]を選ぶと，個人の ID が振られて，各自にひな型が送信されます。

生徒は各自の端末で開き，そのままスライドを作成します。作成中は自動で保存されます。また提出フォルダを観察すると進捗状況がわかります。よくできている生徒を褒めたり，作業が進んでいない生徒のサポートに入ったり，個別指導もしやすくなりました。また，スライド作成がスムーズにできたのは，情報の授業で既に取り組んだことがあり，ある程度の作成スキルがあったからでしょう。

8 おわりに

スライドで発表すると，聞き手の顔が発表者を向き，その効果もあって発表の質は自然と上がります。またここまでに積み上げてきた取り組みで，自信をもって発表していました。時期を捉えたタイムリーな社会問題を「サイドメニュー」で授業で扱う新しい可能性を感じました。

（黒瀬　直美）

COLUMN

おススメのアドオン　Pear Deck でインタラクティブな授業を

「Pear Deck」は，Google スライドのアドオンです。アドオンとは，Google ドキュメント，スプレッドシート，スライドで利用できる追加機能です。それぞれのアプリで動作する様々なアドオンが用意されています。

Pear Deck for
Google Slides Add-on

パソコンで，ドキュメント，スプレッドシート，スライドのいずれかを開き，右側にあるアドオンを取得アイコン（＋のボタン），または，上部の「アドオン」から，［アドオンを取得する］を選びます。Google Workspace Marketplace の中から，開いたアプリ（ドキュメント，スプレッドシート，スライドのいずれか）と連携したアドオンが一覧表示されます。そこから目的のアドオンを選択してインストールしてください。インストールが完了すると，次回からは，上部の「アドオン」の中の目的のアプリを選ぶだけで利用することができます。

「Pear Deck」は，インタラクティブなプレゼンテーションアプリです。先生方が作成したGoogle スライドやPDF，パワーポイント資料をインポートし，教材を作成します。多くのテンプレートも用意されていますので，テンプレートをカスタマイズすることで簡単に教材を作成することができます。クイズや質問ができる6つの活動が用意されており，生徒の反応をリアルタイムで共有することができます。教師は生徒たちの回答を一覧で確認することもできます。教師との双方向のやりとりは生徒を飽きさせず生徒の興味を引き続けることができます。生徒はインターネットに接続されていれば，どの端末からも，作成した教材にアクセスすることができます。生徒は，新たにインストールする必要がありません。また，「Student-Paced-Activity（生徒のペースに合わせたモード）」をオンにすることで，教室でも自宅でも，生徒が自分のペースで学習できるようになります。Google Classroom と名簿を自動的に同期できますので，採点作業も簡単です。匿名の回答をプロジェクターで共有することができるので，グループ学習で，すべての意見を踏まえた話合いを行うことができます。教師にとっても，生徒にとっても，楽しくて活動的な授業を簡単に設計することができる素晴らしいアプリです。先生方の教室でぜひお試しください。

（遠島　充）

あとがきにかえて—学びを止めないためにできること

新型コロナウィルの影響と遠隔学習の可能性

　新型コロナウイルス感染症の蔓延によって，全国の学校は臨時休校を余儀なくされました。教育 ICT の進展に敏感に反応して事前に準備を進めており，遅滞なく遠隔学習に移行できた学校も少数ながらあったものの，ほとんどの学校現場では，臨時休校に対して十分な準備が整ってはおらず，子どもの教育の多くが家庭に委ねられてしまう結果となりました。

　新型コロナウィルスの蔓延が始まり，全国の学校が休校を余儀なくされ，私たちが途方に暮れているころ，名だたる EdTech 企業の支援が始まりました。日本の携帯キャリア各社は，25歳以下の利用者に対し，児童生徒の通信環境を確保するため，支援措置を実施しました。Google 社は，遠隔学習支援プログラムを策定し大規模な支援に乗り出しました。教育用の Google 専用端末である Chromebook を LTE 付きで無償貸出，G Suite for Education アカウントの新規登録サポート，教師向けに学校単位で無料のオンライン研修などの支援を打ち出しました。また，遠隔授業では欠かせない，Google Meet の Enterprise 版（現・Google Workspace for Education Plus，制限時間なく，録画機能を使える）の無償開放で，全国の学校で遠隔授業を手軽に行えることを可能にしました。他の企業でも様々な取り組みを無償提供し，コロナ以前では考えられないほど，教育テクノロジー環境は飛躍的に充実しました。

　コロナ禍での全国の先生方の活動には目を見張るものがありました。直接会って話すことができなくなった分，オンラインでのセッションが一般化しました。Google のプロダクトの多くは，コロナ以前から利活用される先生方は多くいらっしゃいましたが，コロナ以降，Google Meet の活用が爆発的に増加しました。オンライン授業の実践事例が SNS 上の教師コミュニティにあふれ，積極的な先生方はこぞってあふれるアイデアの追試に励まれました。オンライン朝の会やホームルーム，健康管理記録，反転学習，協働学習，LMS（Google Classroom）を活用した課題配信と回収採点評価，デジタルコンテンツの活用，オンライン部活など多くの優れた実践事例が生まれました。これらの実例で特筆すべきなのは，従来の注入教育ではなく，双方向性が高いこと，またブレイクアウトルームの活用などでグループ活動を容易に実践できることから，対話的な学びを行っている事例が多かったこと，幅広いアイデアで構成されており，教科教育だけでなく，学級活動や部活動，健康管理やメンタルサポートにまで及んでいること，などが挙げられます。これからの学びの形は場所や形式にとらわれず，生徒の創造性を育む様々な手法が開発されることでしょう。

どこからでも学べるニューノーマル時代

　文科省は，学校再開後の支援策などをまとめた，「『学びの保障』総合対策パッケージ」を発表し，学びの保証と感染症防止の両立を掲げ，休校中であっても「学びを止めない」，あらゆる手段を使って「学びを取り戻す」とうたいました。「GIGA スクール構想」を加速させることで，「1人1台端末」「家庭での通信環境整備」を実現し，すべての子どもたちの学びを保証する環境を早急に整備するとあります。「1人1台端末」として最適な Chromebook は，教育用端末として導入が進み，2021年2月18日に発表した「GIGA スクール構想実現に向けた ICT 環境整備調査」によると，43.8%と首位（2位の iPadOS は28.2%）になりました。これは，安全であること，コストが安いこと，多くのツールが初めから準備されていることなどの理由が挙げられます。このような準備が数年の間に整い，いつでも誰でも，どこからでも，学びたいときに学べる環境が整い，学びの形は大きく変化していくとみられています。

　ヒトやモノの移動は，グローバルに行き交い，数年前とは比べ物にならないくらいの規模で増加の一途を辿っています。グローバルな流れは，多種多様な文化の融合や人々の交流を促進する意味では大変有意義なものであることは論を俟ちません。その半面，パンデミックのような感染症拡大のリスクも大幅に増加すると考えてよいでしょう。たとえば，SARS や MERS のように，以前であれば日本に上陸する前に駆逐されたような感染症も，ヒトとモノの移動が増加した今では，新型コロナウィルスのように世界中に蔓延するかもしれません。私たちは，今後，このようなウィルスが猛威を振るい，第2波，第3波と襲い掛かり，未知のウィルスがパンデミック化する可能性に備える必要があるでしょう。そのような最悪のシナリオに対しても，私たち教師は，「学びを止めない」準備を続けていくべきだと考えます。いついかなる状況下であっても，質の高い学びを保証する体制を維持し続けていくためには，テクノロジーの活用が不可欠だと思います。

編著者　　遠島　充

執筆者一覧（執筆順）※所属は執筆時

遠島　　充　　株式会社日立製作所日立工業専修学校

中野　裕己　　新潟大学附属新潟小学校

一木　　綾　　加藤学園暁秀中学校・高等学校

渡辺　光輝　　お茶の水女子大学附属中学校

上田　祥子　　川越初雁高等学校

祐源　　愛　　常総学院中学校・高等学校

大村　拓也　　福岡教育大学附属福岡小学校

岡本　　歩　　近畿大学附属広島高等学校・中学校　福山校

黒瀬　直美　　広島県立可部高等学校

五十嵐健太　　新潟市立上所小学校

久川　慶貴　　春日井市立藤山台小学校

編著者一覧

野中　潤（のなか　じゅん）
東京学芸大学大学院修士課程修了（教育学）。現在，都留文科大学
教授。専門分野は国語教育学，日本近代文学。研究テーマに，教科
書教材論，教育ICT，敗戦後文学，震災後文学など。近著に『国
語教育と文学研究のデジタルシフト』『サイバーズ・ギルト文学論』
（書肆こくぶん，kindle版）がある。

遠島　充（とおしま　みつる）
㈱日立製作所日立工業専修学校。1972年生まれ。大学卒業後，都内
の印刷会社に勤務。その後，地元茨城で塾講師，県立高校常勤講師
を経て，株式会社　日立製作所入社。企業内学校である日立工業専
修学校に配属。国語・社史を担当。本校の特徴である「高度熟練技
能者の養成」と共に，「英語・IT・ファイナンス」「アナログとデ
ジタルのバランス」が重要と考え，様々な取り組みを始める。今年
度，マイクロソフト認定教育イノベーター　プログラム（MIEE）
に参加。

中野　裕己（なかの　ゆうき）
新潟大学附属新潟小学校教諭。1986年新潟県生まれ。新潟市公立小
学校教諭を経て，現職。国語科『読むこと』領域を中心に，シンキ
ングツールやICTの活用，対話的な学習展開について，実践・研
究している。Google Educator group Niigata city リーダー。新潟
音読研究会幹事。国語授業"熱"の会代表。著書に『教科の学びを
進化させる　小学校国語授業アップデート』（明治図書）がある。

渡辺　光輝（わたなべ　こうき）
お茶の水女子大学　附属中学校教諭。千葉県公立中学校，千葉大学
教育学部附属中学校教諭を経て現職。「生活から発想し，社会とつ
ながる国語教育」をテーマに国語科授業作りに取り組んでいる。そ
のほか大学の非常勤講師として国語科教育法，ICT教育の理論と
方法などの授業を担当し，次代を担う教員の育成も取り組んでいる。

【編著者紹介】

野中　潤（のなか　じゅん）

遠島　充（とおしま　みつる）

中野　裕己（なかの　ゆうき）

渡辺　光輝（わたなべ　こうき）

学びの質を高める！ICT で変える国語授業3
Google Workspace for Education 編

2022年5月初版第1刷刊　Ⓒ編著者　野　　中　　　　潤
　　　　　　　　　　　　　　　　遠　　島　　　　充
　　　　　　　　　　　　　　　　中　　野　　裕　　己
　　　　　　　　　　　　　　　　渡　　辺　　光　　輝
　　　　　　　　発行者　藤　　原　　光　　政
　　　　　　　　発行所　明治図書出版株式会社
　　　　　　　　　　　　http://www.meijitosho.co.jp
　　　　　　　　（企画）林　知里（校正）芦川日和
　　　　　　　　〒114-0023　東京都北区滝野川7-46-1
　　　　　　　　振替00160-5-151318　電話03(5907)6703
　　　　　　　　　　　　　ご注文窓口　電話03(5907)6668

＊検印省略　　　　　組版所　株式会社木元省美堂

本書の無断コピーは，著作権・出版権にふれます。ご注意ください。

Printed in Japan　　　　　　ISBN978-4-18-352836-0
もれなくクーポンがもらえる！読者アンケートはこちらから